U0134946

一個散戶的

成長

誰說小蝦米不能戰勝大鯨魚

蔡燿光(evacarry)・著

針對散戶進行股市投資時最容易忽略的心態跟操作技巧，
用簡單的方式進行優質投資，擺脫散戶老是賠錢的宿命，獲得最後的甜美果實。

推薦序

王陽生（龜爺）

宏達電的總經理周永明先生早年與同事聊天時，曾經得到一個啟發，這啟發成為他日後經營事業的理念，也是宏達電業績高人一等的原因。

他當時問過他的同事，認為台灣的工程師與歐美的工程師有哪裡不一樣？ 同事說：「台灣的工程師能力很不錯，但做一個東西都會想延續上一代的產品，而歐美工程師在想下一代東西時，一定會把上一代的東西完全丟掉，自己去想新東西。」

公司經營如此，股市的操作也是如此。一般人進入這市場都是走傳統操作的途徑，當然也走入了股市大戶依據傳統操作設計好的陷阱裡面，因此如何拋開傳統操作的束縛，進入更新的操作領域，就變成了我們這一代人的任務。

我承認E大與我有過幾次師生之緣，但我認為我只是擔任啟發的角色，他不像一般人，只是一味的Copy，Copy只會讓你走某些人的腳步，但不可能走出自己的獨特風格。

E大可能天生有股票族的基因，也可能跟家族有人長期操作有關，因此他有許多人沒有的獨特看法。幾個月前，聽到他說想出書，我便極力鼓勵他寫書，因為出書是個整理自己東西的好方法，也可以激發起更多的構思與想法。

書中提及的「週期分析」在國外是個討論極廣的領域，它不是某人獨創的東西，誰都可以提出他們的看法與見解，我應該說，我們都很努力的想如何去詮釋行情，以及如何找出一套進出的完美模式。

　　期待E大的新書能夠給我們更多的啟發，在此祝福E大的新書出版之餘，接觸這本書的人也能在裡面找到一些屬於自己的啟發。

王陽生（龜爺）

著作：《指標會說話》

推薦序

劉建忠（司令操盤手）

我看見錢正在長大

當每一年錢都在長大，那才是真正投資！！

你是天才嗎？股市投資不需要聰明，因為聰明的人往往會把自己當作神，卻忽略市場才是真正的老大；你是平凡人嗎？沒關係，投資根本不需要很高的IQ。你是否感到疑惑，那5%的贏家是如何贏得最後勝利？答案只有一個：我看見錢正在長大。

錢該如何長大？司令在股海看盡一切滄桑，輸錢不外乎賭、貪、攤、套、追高、殺低、斷頭……等投資錯誤觀念，孔子弟子「顏淵」不二過，所謂不二過就是不會犯第二次錯誤，然而股市的投資人卻是一錯再錯（不檢討輸錢的原因），投資賠錢第一錯是不懂，錯第二次是證明沒有學習經驗，錯第三次便是麻木不仁，此時先問問自己，是否已真正學會投資？

投資需要經驗，昔日的司令就是在自作聰明中產生傲慢、自負，結果在股票市場付出慘痛代價，其實這些前人走過的路是可以避開的，可惜昔日的司令與一般人一樣，都缺少一顆吸收別人知識的心。前人輸錢的經驗是自己的警惕，不用真正親臨市場輸錢，就可以學到別人的經驗，那真是「天上掉下來的禮物」；如果是贏錢的觀念，更要納入自己的投資哲學裡，變成自己獨一無二的系統與經驗，才算得上是一位有智慧且及格的投資人。

從《一個散戶的成長》這本書中，司令看到最原始的投資觀點，內容告訴大家正確的投資理念，將停損、盲目、風險、致富、籌碼……等觀念，以完整文章論述，目的就是扭轉食古不化的輸家心態。內容在基本面與技術面多加著墨，導正技術分析是不可濫用的，如果把雞毛當令箭，便失去技術指標的價值；至於基本面的分析，作者用最簡單的財務報表讓投資人輕易了解股票價值，這也說明真正的投資需要有技巧、有技術、有策略的進行，否則結局必定是血本無歸。

作者「蔡燿光（evacarry）」在聚財網站上快速崛起，司令看到的是他擁有自己的論點，將股市漲跌有條理的解剖分析，這就是投資人應該學習的用心。股市不全然都是隨機的市場，有些系統性的方法可以提高賺錢的機率，一般不懂投資的投資人只會怨股市如洪水、如猛獅，卻遺忘這是一個公平公正的投資致富市場，既然投資不講聰明才智而重經驗與EQ，那輸家是不是應該要多方學習，督促自己覺醒？而不是繼續埋怨老天爺不公平，埋怨賺錢、有錢的都不是我。要知道，會讓人在投資或人生的路上感到害怕的絕對不是「未知」，而是「無知」，送給讀者一句老生常談：「沒有景不景氣，只有爭不爭氣」，統一企業的董事長高清愿也說過：「再好的時機都有人賠錢，再壞的時機都有人賺錢。」

今日的社會喜歡趕潮流卻不愛讀書，在股市裡打滾的散戶寧願相信「股市冥牌」，也不學自己的一套投資理論。你累了嗎？這不是替提神

飲料做廣告，而是你該補充自己的知識，否則每次戰役必定是賺小賠大，好一點套牢，不好則是融資斷頭，再壞就是傾家蕩產。希望讀完《一個散戶的成長》，能讓你在未來的投資理財之路，看見自己的錢一年一年的長大，屆時，你就可以好好的享受美麗人生了。

新趨勢大師　Si-Li　劉建忠（司令操盤手）
著作：《股市乾坤15戰法》、《小錢致富》、《股市戰神》、《飆股九步》、《選擇權3招36式》

作者自序

　　股市是一個迷人的地方，跟燈紅酒綠的都市一樣令人心神嚮往，可是它也是一個可怕的無間地獄，多少人在這淘金的樂園裡發著巨富的夢想，同時卻也很少人是真正帶著滿滿的現金離開，大部分的人終其一生都在股海裡載浮載沈。在股市中，充斥著黃金的80、20法則，也就是80%的人將投入股市的資金雙手奉上給那20%的贏家，我想對任何一個進到股市的人來說，這樣的事實是很殘酷的，一定沒有人願意相信自己就是那80%的輸家，但有時候卻也不得不承認，畢竟，帳戶裡的金額變動是最不爭的事實。

　　股市中的參與者眾，有政府、有公司派的股東與經營者、有外資、有投信、有自營商、還有大大小小的散戶朋友們，這麼多人參與其中，可是每個人想的都是同一件事：怎樣把別人的錢變到我的口袋裡面。當各種不同的人都擠到這市場之後，其混亂的情形就跟我們到傳統市場去買菜差不多，往往都是在人潮中被擠來擠去，手腳快的怕買貴了，手腳慢的怕買不到或買到爛的；股市也是這樣，沒股票的人看著行情在漲心裡著急的很，有股票的人看著行情在跌心裡也是著急的很。我想，一旦進到最複雜的股票市場中，各種人性的反應都會一一在市場中浮現。這就是股票市場，股票市場是一個大的試煉場，試煉的是參與其中者的人性，在市場中，你賺錢會高興、興奮；賠錢會痛苦、傷心；沒部位會懊悔、猶疑；有部位會緊張、恐懼，試問有什麼樣的地方會讓你有這些七情六慾？除了股票市場之外，我想不出還有其他地方可以更讓人體驗這些複雜的感受。

我想大家都聽過不少在股海裡翻騰的前輩，諄諄教誨有關在股市的心態、技巧、資金控管等等，可是我認為有些東西是很空洞的，因為每個人都是獨立的個體，其他人的經驗與方法絕對值得我們借鏡，卻不一定百分之百適合我們本身。在股市中最重要的是找出適合自己的方法，去適應自己對投資的步調跟步驟，這遠比你在股票市場中尋找包贏的致勝秘訣還重要，秘訣是一時的，誰能擔保過了十年之後，同樣一套方法可以一直使用而不用修正？世界變動得那麼快，特別是當資訊越來越發達之後，每個人取得任何投資的資訊都是如此方便，越來越多人的工具以及操作素質也一直不斷再提升，絕對不可能有什麼方法是可以一直沿用一輩子的，除了正確的操作心態跟對市場的瞭解。

我很喜歡國際彩妝大師植村秀，大師最令人激賞的是，他已經屆臨70歲高齡了，卻還是可以不斷的突破自己、不斷進步，他是將「活到老，學到老」做得最徹底的人，也難怪那麼多女人願意拿著大把鈔票去將植村秀的彩妝買回家，其品牌的背後其實是不斷進步的最後呈現，這一點值得我們從中借鏡。媒體曾在公開場合問過彩妝大師植村秀，為什麼一樣是技藝，有人的技藝價值連城，有人卻只是基本勞動力？大師回答：「技藝有三種境界—守、破、離，這也是我的技藝哲學！」。守，就是採取守勢，只能守住師傅傳授的所有技藝，便一直沿用舊有的技術當作吃飯的工具。破，就是打破舊有技術，重新修煉，才有可能讓原有的技術更上一層樓。最後一個階段是離，亦即宗師階段，隨興而發，自由創作，形成自我風格。一個大師的形成勢必經過守、破、離這三個重要的階段。

在股市中我們也應該要有基本的認知，成功絕不是一蹴可幾，任何的成功都是經過一步又一步的堆疊而成，誰都不可能有一步登天的情形。以我自己看過的幾個成功的贏家，都曾經經歷過這幾個過程：第一階段，囫圇吞棗，發生在初學階段，第一次踏入股市後，便開始學習許多技術分析、聽大師講座、閱讀報章雜誌、聽明牌、參加投顧等等，只為圓一個交易的聖盃，習得一個秘技，從此不敗，開始大撈特撈。第二個階段，輪迴大輸大贏，這個階段就是當你經歷過大贏也經歷過大輸，投資績效卻一直載浮載沈、無法突破，你開始對以前所學產生懷疑，接著重新學習，然後漸漸的將眾多武器一個一個放下，並問自己交易的目的與目標，只專注在幾個自己特別在行的交易型態。這個階段是最痛苦的，甚至會讓你賠光積蓄，或是對股市產生厭惡、絕望之心，但如果能衝過去的人，通常就離贏家的路就不遠了。第三階段，柳暗花明，在經過大徹大悟的境界之後，就會進到所謂的贏家階段，知道市場的平衡點在哪，知道哪裡是人性最貪婪與最恐懼的地方，懂得用簡單的工具去面對複雜的投資，簡化自己的思緒跟部位，於是乎，整個操作境界跳脫另一個層次，每一次的轉折可以十之八九，每一次出手就是大賺小賠，開始了長期性的正績效，股市像是提款機一樣，大部分的行情總是可以信手拈來，脫離了市場的束縛，真正達成贏家的圓滿境地。

不諱言的，我也是散戶，眾多的經驗跟技巧，充其量讓我停留在第二階段再多一點點，有時面對行情我也會遲疑、恐懼，我也會貪婪，這

也是為什麼我說股市是一個修煉場，我在修煉，你也在修煉，任何投入在其中的人都在修煉。股市裡面牽涉太多人性，牽涉太多不是技術可以解決的事情，今天你一個買賣的動作，就牽涉許多你的情緒跟思考在這筆交易裡，唯一脫離這無間地獄的方法無他，學習再學習，等到你自滿的覺得學了很多，足以打敗市場時，再放空一次，退出市場一段時間，對自己進行更嚴厲的心態修煉，克服下單跟觀看行情的心情，直到哪一天對下單還有行情無任何太多情緒在裡面，覺得賺錢變成一件理所當然的事，那麼就算是真正的成功了。很難，我知道，但這就是你願意拿你的人生跟這市場共存並贏他的唯一辦法，如果你做不到，趁早離開市場專注在本業上，當你本業的資歷越來越豐富後，說不定賺得的金錢會比股市來的多也來的穩定。

我在這本書裡並沒有談到太多技術性的東西，因為我覺得技術不是左右成功的唯一要件，試想，指標call買跟call賣時若是你還會遲疑下不下單，這一次的指標會對嗎？技術對你而言也就一點用處都沒有了。「信著不疑，疑者不用」，加強操作的心態穩定性很重要，那麼穩定性從何而來？從豐富的經驗來，不論是成功或失敗的經驗，特別是失敗的經驗，給我們的衝擊跟印象也最強。在市場中，一直不斷拿真金白銀去試單、去驗證，才有可能有所得，我從沒聽過長期下空氣單的人真正進場會贏過，因此我特別將書中的內容分成四個大章節，由基本一直到實戰，並且儘可能將我的經驗加在這些內容裡面，因為經驗難買，你花錢買這本書，也等於

在買我的經驗，我的經驗不一定對每個人都有用，但是每個人所處的環節不同，或許我用的某些東西，剛好就是你卡住的，那麼這些東西對你可能就有突破，就有價值。

　　我從不覺得我是高手或是成功的交易人，相反的，我依舊以「散戶」自居，因為每次當我自滿可以打敗行情時，市場就打敗我；可我每次決定要放棄時，市場卻又給我一線甚至是無限的希望。這就是股票市場令人難以捉摸的地方，同時也是最迷人的地方，隨時在市場跟高手面前謙虛的學習，保持空杯心態去面對這市場，當有一天你通過修煉時，你會發現，這世界的天空竟是出奇的藍。

evacarry　筆於2008/1/15

目錄

第一篇(守)──入市前的交易心態

當一個「專業」的賭徒 ⋯⋯⋯⋯⋯⋯⋯⋯⋯⋯⋯⋯ 16

盲目的投資人 ⋯⋯⋯⋯⋯⋯⋯⋯⋯⋯⋯⋯⋯⋯⋯⋯ 23

莊家心理學 ⋯⋯⋯⋯⋯⋯⋯⋯⋯⋯⋯⋯⋯⋯⋯⋯⋯ 25

投資致富的方法 ⋯⋯⋯⋯⋯⋯⋯⋯⋯⋯⋯⋯⋯⋯⋯ 30

贏家與輸家的心理素質 ⋯⋯⋯⋯⋯⋯⋯⋯⋯⋯⋯ 36

基本面或是技術面？ ⋯⋯⋯⋯⋯⋯⋯⋯⋯⋯⋯⋯ 47

入市先修班：停損 ⋯⋯⋯⋯⋯⋯⋯⋯⋯⋯⋯⋯⋯ 53

風險管理 ⋯⋯⋯⋯⋯⋯⋯⋯⋯⋯⋯⋯⋯⋯⋯⋯⋯⋯ 61

投資興櫃市場的二三事提醒與分享 ⋯⋯⋯⋯⋯ 73

第二篇(離)──基本分析

為何要分析市場漲跌 ⋯⋯⋯⋯⋯⋯⋯⋯⋯⋯⋯⋯ 86

先學會如何脫逃 ⋯⋯⋯⋯⋯⋯⋯⋯⋯⋯⋯⋯⋯⋯ 98

市場何時復甦 ⋯⋯⋯⋯⋯⋯⋯⋯⋯⋯⋯⋯⋯⋯⋯ 109

最重要的基本面 ⋯⋯⋯⋯⋯⋯⋯⋯⋯⋯⋯⋯⋯⋯ 117

何時買進基本面最棒的股票？ ⋯⋯⋯⋯⋯⋯⋯ 124

第三篇(破)──技術分析

這些年來對技術指標的心得 …………………………………… 140

技術分析與技術圖表 …………………………………………… 145

技術指標的鈍化 ………………………………………………… 170

週期交易 ………………………………………………………… 174

第四篇──實戰

飆股實戰一 ……………………………………………………… 190

飆股實戰二 ……………………………………………………… 209

漲停學 …………………………………………………………… 225

籌碼的心得分享 ………………………………………………… 233

第一篇（守）

入市前的交易心態

當一個專業的賭徒
盲目的投資
莊家心理學
投資致富的方法
贏家與輸家的心理素質
基本面或技術面
入市先修班：先學停損
風險管理
投資興櫃市場的二三事：提醒與分享

當一個「專業」的賭徒

　　股市，是一個超大型的賭場，公平、公正、公開，由政府做莊，所有參與其中的人，無論輸贏，一律都必須繳納交易稅。而除了週休二日，除了國定假日，除了一切人力不可抗拒的天災地變可以阻止股市開市外，其餘的時間都有開市、都可以合法的賭，無論在這賭場中輸輸贏贏的人有多少，贏的最多、只贏不會輸的永遠是政府，深陷在這賭場中大部分的人，充其量都是在幫政府打工增加國庫收入，你我也只是這賭場中的其中一名賭客罷了。

　　我相信現在很多人一定不以為然並且不認同這個論調，因為在股市裡，許多人是靠著投資好的公司致富，藉享有豐厚的企業利潤回饋來完成致富的目標，完成提早達成財務自由的夢想。一些靠著投資股市成功的人，他們不參與投機行為，不短線操作，不在意短時間股價波動，誠如華倫・巴菲特這樣的投資大師，不也都是因投資股市致富的嗎，這樣怎麼能算是「賭」？

　　沒錯，這樣的論述我不否認，不過如果真正去探討事實的本質，你會發現，這些站在投資角度去看的人，其實也是在賭公司能永續經營，賭公司的未來成長，賭公司經營者的經營誠信，賭未來投資持有的日子裡有預期中的獲利達成，說穿了，這也是賭，是另外一種形式的賭。這些人，這些專家，這些投資大師跟一般人最大的不同，就是他們賭贏的或然率比一般人高，並且遠遠高出許多許多，他們賭，但是不盲賭，他們知道用哪些特殊的方法將賭贏的或然率提升到接近100%，更重要的，他們懂得在最佳的時機帶著他們的錢，從容的離場。

　　大家如果還有一點記憶的話，應該多少都會記得幾年前美國一家倒閉的大企業「安隆(Enron)」，當初這是很重大的經濟新聞，而他在未爆發這些醜聞與事件前，也是排名在美國的百大企業裡面，甚至連總統還有一些高級的政府官員，直接或間接的也是該公司的董事或顧問之一，許多安隆的企業員工跟投資人也都相信這是一家能養活他們一輩子的公司，可以讓他們安詳的退休、享受退休生活，很多人把自己辛辛苦苦賺來的錢全投了進去，最後卻因為經營者的誠信、內部的內線交易與黑箱作業，造成這家歷史悠久的公司一夕之間瓦解。在那個連電力都可以當作公司買空賣空隨意關閉電廠的時空裡，這也傷害了部分美國的經濟，以及更多依靠安隆生存下去的無數家庭，甚至也賠了一家有百年歷史的會計事務所的聲譽，這是一場由投資演變到最後一無所有的戲碼，也是一場賭輸的局。

LCTM的教訓

　　那麼，最聰明的腦袋是不是賭贏的機率就一定比較高？我想不盡然。大家都知道美國著名的避險基金LTCM(Long-Term Capital Management——長期資本管理公司)，LTCM之所以引起國際金融市場廣泛的注意，主要在於其靈魂人物——1997年諾貝爾經濟學獎得主休斯(Myron Scholes)與莫頓(Robert Merton)，兩個最聰明的腦袋，當然也是吸金的機器。

　　LTCM成立於1994年，總計資產13億美元。LTCM從事的是高槓桿的利差，由於一開始的順風順帆造成不當的高額借貸，加上最後的

看錯行情而陷入流動性風險，但因若宣布倒閉交易造成金融風暴，不知會形成怎樣的骨牌效應，所以迫使美國政府必須出手相救，免去一場金融危機。這也是另一場著名賭輸的案例，兩個諾貝爾獎，兩個世界上最聰明、數一數二的腦袋，也免不了在金融遊戲中賭一把，只是最後賭輸的結果著實令人扼腕，也讓人知道真正地獄的存在。

LTCM給我的教訓是，如何讓一個賭徒真正痛下心來離開他正在賭的那張牌桌？對，就是全輸光。哪怕你是再會賭的老手或是再聰明的腦袋，當一個賭徒輸到什麼都沒有的時候，失去一切的痛苦就會讓他真正的自動清醒。當然，或許他可以繼續借錢再賭再梭他這一把，人在賭輸之後通常會急著再玩最後一把，想一次翻本，想把輸的賺回來後再贏一大把，但是通常全梭的、或是賭性堅強不願離場的這些人，最後的下場都一樣，就是再把最後僅有的一切全輸光，包括最後的尊嚴。沒有人會認為自己會那麼衰，會是那最後一隻白老鼠，但往往事與願違，最終還是被趕盡殺絕，很殘酷，但是在聞不到任何煙硝與血腥的金錢遊戲中，輸光你手中的一切就是最血淋淋的下場，在決定也跟著進入這遊戲時，本就應該有著幾分的危機意識與警惕。我不否認股票也是一種賭，但是我認為，賭要賭的有技巧，賭要在賭之前知道你的對手是誰？你的勝算有多少？怎麼出手？怎麼防守？最重要的，怎麼樣安然的帶著你賺的錢全身而退並歡喜收割的離場？

➡ 提高勝率

其實一個好的賭徒不見得就能大贏特贏，打過麻將的人都知道「一技，九運」，意思就是儘管你牌技再好，遇到的對手再爛，一旦你當天手氣不好，該上牌不上牌，要聽牌自摸結果變放槍，好不容易終於要胡牌了結果被人家截胡，這時候運氣是影響輸贏的最大關鍵。或許對賭的人來說運氣很重要，但是我們也知道運氣這種東西不是說來就會來的，而且來的時候我們也不一定會知道，也許剛好來的那次就錯失掉了，一個人一生當中都有幾次機會，但機會就跟小偷一樣，總是偷偷摸摸的來，再偷偷摸摸的走，因此要「長時間」靠著運氣致勝，基本上就像天方夜譚。目前我也沒看過世界上哪個有錢的人是一直持續性的靠運氣賺錢的，所以運氣這種東西可遇不可求，怎樣創造比較可靠的獲勝方式遠比怎麼穿紅內褲開運來的重要。

我一直稱最高段的賭徒為「玩家」，能稱為玩家的，其在基本功的紮實度是最基礎的，接著要有豐沛的經驗以及熟練的技巧，最重要的是在進行遊戲時，對心理戰的熟稔度跟人性的掌握。一直以來，我對世界撲克牌大賽都覺得很新奇，好奇這些在大賽中靠著賭撲克牌贏進大量金錢的冠軍們，如何靠個人的技巧加上一點運氣，「持續性」的贏錢？我甚至蠻想知道這樣的賽局是不是也跟投資有一些關聯性？在一般人看來，賭撲克牌跟其他賭博沒兩樣，但是我認為撲克牌這項遊戲的勝率遠比吃角子老虎或是俄羅斯輪盤要高很多，原因就在於這些遊戲的「期望值」。所謂的期望值就是在一連串的機率組合之下，最後的、最大的獲勝機率，而期望值大、獲勝率高的遊戲才值得我們灑下資本去參與其中。

一個散戶的**成長**

　　撲克牌迷人之處在於可以「算牌」，一副牌扣掉鬼牌之後共有52張牌，在牌桌上，撲克牌的數量是固定的，也就是發了一張，牌盒中的數量就會少一張，而52張牌中1－13點共四組，因此你在52張牌中抽到每一點數的機率就被固定了。簡單的說，你可以根據牌桌上已經翻開的點數和剩餘在牌盒裡的牌去做計算，並依你可能贏的機率大小去調整賭注金額，當贏牌機率高時就下較高的金額，當贏牌機率低時就減少出手或縮小下注的金額，等待更好的時機，我們可以根據隨時在變動的機率調整，去算出對我們最有利的方式以進行遊戲。當然，也許在比較高難度的比賽場或防作弊的場次中，會使用數副以上的撲克牌以增加算牌的難度，也防止有些職業玩家出千，但是增加難度不代表勝率就會下降，這世界上聰明的人很多，有些東西不一定只是單靠技巧，同時也是在對其他的玩家進行心理戰，這是一個腦力激盪的遊戲，也是一個諜對諜的遊戲，這樣的零和遊戲，永遠是贏家在咬輸家口袋中的錢。

　　那麼撲克牌跟我們投資金融市場、投資股市又有什麼重要的關係？其實，金融市場中的股票、外匯、期貨、債券、利率……等各項投資商品，都可以看成是一個大型的賭具，形成買賣的雙方就是賭客，而整個世界、整個市場就是一個超大型的賭場，當你買進或賣出一項商品時，你就是像是在參與一場賭博。無論我們是當買進的那一方，或是賣出的那一方，我們所追求的都是獲利的最大化，也就是追求比較高的獲勝機率，既然如此，那麼對我們而言，提升獲勝的機率就是最重要的一件事，但是我們如何提高勝率？

　　2007年世界撲克大賽冠軍由一名出生於寮國的亞裔賭博界菜

鳥楊傑瑞奪得，他靠著令人捉摸不定的牌路和心理學專業，擊敗各路賭博高手，抱回825萬美元，相當於2.7億新台幣的獎金。美籍亞裔男子楊傑瑞是出生於寮國的39歲業餘撲克牌玩家，職業是一名專業心理醫師，他只花了225美元報名會外賽，就取得參加2007年世界撲克大賽的資格。在進入決賽的9人名單中，楊傑瑞還是以第8名吊車尾擠上，沒想到在決賽越戰越勇，一舉拿下冠軍。這場撲克牌大賽共吸引6358名各國高手參加，對手形容在賭博界資歷還算淺的楊傑瑞，是不按牌理出牌那型，很難對付，加上他還有一項秘密武器－心理學專業，讓他能夠輕易在牌桌上猜測對手的心思。

我從網路上蒐集了蠻多關於近幾年世界撲克牌大賽冠軍的資料，整理後發現，其實賭王用的技巧並沒有什麼非常特別之處。有「撲克小子」之稱的赫爾穆特(Phil Hellmuth)是賭界風雲人物，他曾贏得 11次世界撲克牌大賽，紀錄無人能及，但43歲的他接受法新社訪問時說：「地球上幾乎人人都可以做賭王！」，赫爾穆特表示，世上可能有100個人比他厲害，只是他們未曾玩過撲克。不過，準備在倫敦參加撲克大賽的赫爾穆特說：「若他們挑戰我，他們可能有3日幸運地擊敗我，但我投入一生研究所學會逐漸顯現，最終可以擊敗他們。」他自稱，賭術了得是因為他可看透人心，知道他們是否撒謊。

賭王們都說過，這些賭牌的技巧都能教，唯有一項真正左右勝敗的關鍵無法教也不能教，那就是「心理學」，也就是在參與這些金錢遊戲的過程當中，每個人所顯現出來的精神狀態是左右整個勝敗的關鍵。經過我的整理，我將提高勝率的方法列出最重要的四項：

一個散戶的**成長**

1. 大量減少你失敗的機會與每一次損失的金錢，並留在場內撐到遊戲的最後一刻，一旦你無法撐完全場而提早被迫離場，那你就是一個不稱職的玩家。

2. 精算你獲勝的最大機率，並在你獲勝機率大時勇於進攻，在獲勝機率低時失手或運氣差時儘量降低出手的次數。

3. 大量製造對手失敗的機會，記著，夠多其他玩家的失敗就可讓自己擠進贏家的行列。

4. 最重要的一點，無論你參加哪一種金錢遊戲或是從事何種投資，隨時隨地保持理性的心理狀態與健全的思考邏輯，以及掌握其他玩家的心理狀態就是獲勝的關鍵。

　　賭王的案例與過程讓我體驗到投資跟賭博一樣，金錢的跳動只是最後的結果，在你準備好要跳進這個許多人沈迷在內的世界時，你必須在心境上做好萬全的準備，任何的技巧跟技術都是可以被磨練的，唯有面對不同的心理狀態所做出不同的決策，才是最令人難以捉摸的，才是最關鍵的一點。因此，要成為一個投資達人之前，你得先調整好你的心態，準備變成一個專業的賭徒、玩家，你不是隨隨便便拿了錢就上場散財的，你要有技巧、有技術、有策略的進行，才有可能取得一定程度的成功。

盲目的投資人

關於投資人的盲目，我一直覺得有件事情很有趣。在股市投資裡，我們可以看見讓人啼笑皆非的現象，我就常在證券行或身邊看到別人在做非常危險的特技表演，很多不乏是擁有百萬以上的中等散戶或數千萬的中實戶，這些人可以因為別人的推薦、營業員介紹，或是在X寶週刊、理X週刊、財X月刊等報章雜誌上看到的個股推薦，甚至是從電視名嘴或參加投顧老師所得來的小道消息，就將辛辛苦苦賺來的資金貿然投入。我都會問這些人一個問題，「今天你去買一台百萬名車，你會不會問問性能、配備、安全性、有沒有優惠、維修……，問來問去一大堆？」，再問一個問題「今天你去買房買樓，你會不會問問一坪單價多少？公設比多少？社區的設備是否完善？附近的交通如何？生活機能如何？甚至是風水格局好不好？」無論我問過多少人這個問題，每個人的答案都是說會，然後回答我也還要再注意什麼八拉八拉的一大堆，此時我會追問一個問題，「那你會不會在參觀完的隔天或幾天內就下單給錢成交？」只有幾個跟我說「會」，絕大部分的人都說「不會」。讀者們也可以試著回答這個問題，看看正在閱讀的你是不是也有同樣的狀況。

那這樣的結果就令我意外囉，既然買樓、買房、買好車時，你做完全面性的評估跟比較之後也不會馬上下單，那為什麼一檔你沒親自做過功課的個股，你敢在只有聽來或看來的情況之下，就貿然投入大量資金？是因為買車、買樓、買房用的錢比較大，才算是錢？還是因為股市玩的都是看不見的金錢跳動，所以你不把錢當錢，可以輕易的輸贏？我認為這是投資人過於盲目，認為股票錢太好賺所致。

一個散戶的**成長**

「股票錢如果真那麼好賺的話，那麼世界上就不會有那麼多的窮人！」

所以我勸這些散戶朋友們，不要再盲目的投資了，現在是21世紀，金融市場更是個血腥的市場，你很容易隨時失去戒心，賠光你大半輩子辛苦累積的積蓄或退休金。試問淪落到這樣的地步，投資又怎麼叫投資？人生又能經得起這樣的挫敗幾次？天堂遲早會變成煉獄，因此不得不慎！

現在起，若是有人報給你明牌或是推薦個股，都請你抱持著懷疑的態度，以前股市的四大作手之一榮安邱都可以在當作手的期間，欺騙枕邊人以達其操盤的目的了，你怎麼能確定這些報明牌的人是存善心的呢？學著開始做功課吧，將股票裡的問題留給自己去解決，在抽絲剝繭的過程當中，你不但能藉由一次又一次的分析，提升你對個股的掌握程度，更可以慢慢掌握到更多關鍵性、別人掌握不到的東西，雖然不一定能賺到大錢，至少可以確定不會讓你踩到會爆的地雷。下次再有人說有好標的時，問他幾句「最近2季的營收如何？稅後盈餘獲利的狀況如何？EPS成長性如何？本業未來展望如何？……」，我想不消幾次，應該就不會有人要報股票給你了吧，說不定你會因此少幾次踩到地雷的機會！

莊家心理學

任何的技術都只是表象，在金融市場當中，所有的線型、價格、成交量，都是用紮紮實實的金錢所堆積出來的，任何浸泡在市場中的買單或賣單，都只是交易的一個環節而已，說穿了，交易跟所有的判定、邏輯、推理，都只是一個過程，參與這個市場的所有交易者之精神與心理狀態，才是左右整個交易最重要的部分。既然我們是散戶，是資金量小的那一方，在進場交易之前就該有所體悟，而金錢勢力龐大的那一方，也就順理成章的成為操弄行情的幕後黑手。市場趨勢是由所有參與的人組成，擁有鉅資的那一方雖亦不能違逆趨勢，卻可以利用龐大的資金影響行情的轉向，這些人就稱為「莊家」或「主力」。某些最高段的主力、莊家，懂得在趨勢的末端佈局引導行情，以四兩撥千金的方式，讓趨勢走向跟著他們的部位走；二流的主力、莊家卻容易挾著鉅資跟目中無人的自信，企圖影響正在進行的龐大趨勢，想當然爾，這些二流的主力、莊家，在面對龐大的金錢狂潮之下，自然也只有進入滅頂的份。

因此，我們的目標，是那些精明幹練並且惡狠狠的在暗地裡打算將我們生吞活剝的第一流精明莊家跟主力作手，我們雖是資金量小的散戶，但也是市場趨勢潮流中的一份子；雖然我們賺取的都是這些大戶榨乾後的菜渣、肉屑，但是這些菜渣、肉屑對我們而言卻是很大的一筆數目。我們不是「造市者」，更不是「造勢者」，我們只是依附在這些足以影響行情的不知名力量後面的「跟隨者」，既然這些不知名力量的目標是啃掉像我們這些處於惡劣資訊環境的

次級投資者，那麼，我們想獲取成功，自然不能用我們的角度去看待投資，更不能用自身的想法去幫這些人猜測他們的下一步。

　　在這浩瀚的市場中，其實你、我都是赤裸著全身給這些人看著的，金融市場是個邪惡的地方，要贏，就要拋開自己的立場，講難聽一點，市場中根本沒人知道你是誰，也沒有人想知道，你的意見自然更不是意見，市場也不會因為你的部位進出場就有所反應。既然你什麼都不是，又何必天真的認為你該怎麼樣又怎麼樣的分析或預測行情？預測如果有用，那麼相命的應該是人人稱羨且薪水最高又最有身份地位的人了。事實勝於雄辯，不要急著想聽什麼、想看什麼、想學什麼，該問問自己，你現在接受到什麼？什麼東西會變成你有用的依附工具？什麼東西能幫助你專注的聽出市場的語言、價格變動的節奏？這些才是我們要的。散戶就像小魚群，容易被大魚吞食，但如果是一大群的食人魚小魚群，那麼大魚就不見得可以佔到上風了。

📩 相反理論

　　我用了很多賭場的例子來講解許多觀念，為什麼我喜歡用「賭」的觀念來講投資？因為其中牽涉的標的物都相同－「錢」，只要牽涉到錢，人就有可能開始不理智，只要脫離大腦可以控制的理智範圍，就是進到非理性的「賭」的境界了。「賭博」的境界很高，牽涉到很複雜的人性跟獲勝關鍵，因此在我講解莊家的手法之前，我必須先借助這些賭博的案例來讓你瞭解一些重要的關鍵心理學。

　　我喜歡跟一個朋友去拉斯維加斯，還有分享他從賭場回來後的人性體驗。他曾告訴我一件有趣的事，在賭場當中，如果你發給一個人10萬賭金，無論是玩哪一項遊戲，只要有贏，不論贏多贏少，10個人當中會有9個以上繼續賭下去，只有那1個特例的人會有賺就離場。一般而言，那特例的如果不是常贏的贏家，就是抱持著娛樂的心態，認為有贏就開心、懂得適時收手的人，而剩下來繼續賭的，就會開始一些有趣的現象。

　　我朋友說，在拉斯維加斯或是世界各國的賭場當中，賭具最多的是吃角子老虎跟一些「隨機遊戲」，像是俄羅斯輪盤、擲骰子還有電子賽馬等遊戲，這些賭具的賠率雖然高，但是輸錢的機率也相對更高。他們用的是麻痺跟線性的心理學，也就是說，當你中一次大獎後，你會直覺且主觀的認為下一次的大獎馬上就要開出來了，因此會持續的下注，並且由於你中了大獎、增加了賭金，於是會在不自覺當中，加大下一次等大獎的金額。最棒的賭場莊家會將賠率調整為出現一次大獎之後，再出現幾次連續性的小獎，當你又因為加大的賭注贏得小獎，你更會利用現有的大額賭金持續等待，接下來，就是一連串的不出獎了，當你準備離台時，又開了一次小獎，你就又會好好的坐下來，繼續你眼前的遊戲。賭場，就是這樣把你手中的金錢贏光。

　　我朋友還說了一個很有趣的例子，他說，當你在吃角子老虎將原先的10萬元輸成5萬元時，會收手將這5萬元帶走的人少之又少，絕大部分的人都有潛藏的「毀滅性人格」，認為輸光這5萬元的感覺絕對比帶走這5萬元走出賭場還要好。怎麼樣？跟你進行投資

時，虧大錢、鴕鳥心態、還有套牢等回升的心態是不是很相同？所以我說賭場是一個小型的人生縮影，是一個人性的試煉場，若把賭場心理學學得透徹，要在投資的領域裡贏錢比賭場還容易。

澳門賭王葉漢小時候家境貧寒，幼年靠打短工為生，當時澳門街頭到處都是大大小小的賭場，由於他自幼就有賭王的天分，於是經常光顧大小賭場，而且總能贏大輸小，令人刮目相看。其實他的祕訣就是善於把握莊家心理，他認為所有開賭場的人都有老千，但莊家出老千是有技巧的，莊家不能每次都贏，否則就會被別人看出來，但只要做到輸小贏大就能達到獲利的目的。因此每次下注前，葉漢都要看看押大和押小的比例，下注大的一方往往輸多勝少，相反的，下注小的一方往往勝多輸少。這充分反映了莊家控制賭局的技巧，因為莊家需要輸小贏大，所以下注大的一方輸的概率大，而下注小的一方贏的概率大，長此以往賭下去，幼年賭王便做到了輸小贏大。

其實投資股市也是如此，只要有莊家、主力，就一定存在老千，否則他就不會去做莊，沒有老千的莊家是很難獲勝的。莊家的對手就是投資大眾，他每時每刻都通過盤面來影響和控制投資大眾的心理，通過引導和暗示為自己牟利。但並不是所有的莊家都百戰百勝，因為他有兩個致命的弱點，一個是成本的考量，另一個則是持有部位的數量。這兩點是任何莊家、主力或企圖用龐大資金影響行情的人，都逃不了的宿命，這就是我們要觀察和分析最重要的關鍵所在。

在股市中，我們要預設絕大多數人都是錯的，隨波逐流的人輸錢的機率要遠遠大於贏錢的概率，而莊家、主力就是要保持跟這些隨波逐流的投資人相反的一方，才有贏的機率。莊家、主力的買，就是這些人的賣；這些人的賣，就是莊家、主力的的買，掌握住某些關鍵的相反理論，就可以幫助我們從輸家晉升到贏家的殿堂。

投資致富的方法

在市場滾了一段不算短的時間，學了很多技巧，學了很多經驗，學了很多心態，一次一次又一次的，調整再出發。

前一段時間與朋友聚會聊天，他跟我分享了一些現在擁有財務自由的人，其致富的心法，乍聽之下真的覺得很平凡，但是他解說完後我卻有如醍醐灌頂。其實投資要致富也不是什麼很天方夜譚的事，只是太多人在「致富」這條路上都喜歡挑捷徑走，不願意付出時間精力去研究、去關心，總以為只要靠著幾條內線、幾檔明牌，甚至神一點的還可以卜個卦、問個神，跟民國70幾年全台瘋大家樂一樣，就可以不勞而獲、大賺特賺，提早完成財務自由。試想，可能嗎？如果投資致富真那麼容易，那麼多的「快錢(Fast Money)」容易賺，那我們就不必投注大量時間在自己本業專長的工作上，大家都在家裡看電視喝茶，幻想自己是巴菲特就可以了。可惜，巴菲特只有一個，你、我、絕大部分的人，都只是正常的平凡人！

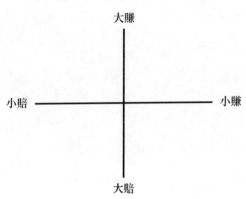

圖1-1

　　圖中有四個象限，大賺、大賠、小賺、小賠，一般人窮極一生都在追求大賺的象限或是小賺交集大賺的象限，但經過我朋友解說圖表後，卻讓我豁然明白。

　　這是經過解釋之後的圖：

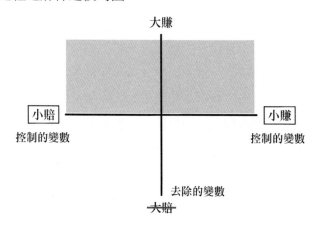

圖1-2

　　其實，在圖中的四個象限中，只要去除掉大賠的變數，控制住小賺還有小賠的變數，誠如我們去除掉在投資中會大賠的所有投資動作與投機行為，控制自己所能控制資金的小賺小賠，剩下的就是等著逮大賺的機會。我們所有控制後的成果，就會在第二張圖中的長方形色塊象限中游移，只要有幾次重要的機會踩到的是大賺，那麼這輩子致富獲得財務自由的機率，就比一般人高出千千萬萬倍。很簡單的理論，很簡單的一張圖表，很簡單的幾句話，「知易，卻行難」。

　　但這卻是別人實際成功的方法，教導我的龜爺曾說過，不要去

幻想「特殊性」，符合「普遍性」即可進場。投資也是，不要去幻想一次就會大賺的「特殊性」，而是要符合每一次都能夠控制風險在小賺小賠的「普遍性」之中，然後逮住隨機所遇到的大賺機會，無論是何種投資工具或投資方法，這才是能真正致富的方法。

當然，很多人會有疑問，如何控制小賺小賠，甚至如何注意跟逮住大賺的機會？我個人認為，與其將你的眼光跟格局設限在這狹小的空間去鑽牛角尖，不如問問自己，在控制小賺小賠跟大賺之前，該先做怎麼樣的努力？又如何培養眼光去分辨小賺小賠甚至大賺的機會？其實投資股市跟一般日常生活或工作一樣，遇到問題時不要先急著要答案，而是試著多發問，問問自己，或者虛心請教比我們厲害、術業有專攻的一些前輩、高手，問問他們是怎麼樣努力，做了哪些功課，才有今天的成就，接著回頭去檢視自己跟這些成功的人有什麼的差別，再慢慢去做修正、去進步。如此一來，你才有能力分辨跟分析所學的、所見的、所聽的，然後再將最後的結果交給市場去檢驗，因為市場是永遠的老師，如果所做的努力禁不起市場的考驗，就證明自己所做是錯誤的，學習的正道走偏了，要趕緊再修正回來。如果這樣一步接著一步慢慢累積自己的東西，相信假以時日就不需再倚靠他人的意見，而擁有自己獨立判斷的思考能力去分辨事實的真相。

曾經我在呂張團隊的一場演講上問過投資大師呂宗耀先生，我問：「呂先生你好，現今的資訊跟訊息這麼多，我要怎麼做才能過濾這些不重要的訊息，並將之變成有用的資訊，幫助我在每次的投資上獲得成功？」，他給我的答案出乎我意料，他說：「大量的閱

讀閱讀再閱讀，無論這是好的資訊或是壞的資訊，當你開始大量接收這些訊息，藉著不斷的驗證與獨立的判斷，久而久之你就能開始分辨哪些資訊是你要的，哪些是不重要、有害的。但是大量的學習跟閱讀，絕對是你過濾這些訊息之前，必須要先紮好的基本功！」

問問自己，基本功做好了沒？投資致富其實也可以很簡單，複雜的事情要簡單做，簡單的事情要重複做，精湛的工藝絕不是一兩天速成的，要達成財務自由當然也是，都是要一個階段一個階段踏實的經歷過。

訂定致富計畫

人人都想致富，可是一問之下卻很少人能說出如何致富，是不是在股市中多學了幾樣技術就會致富了？我想還是得打一個很大的問號。其實很多問題的關鍵在於目標不明確，由於目標不明確，在執行計畫時自然就錯誤百出。

我曾上過幾次成功學的課程，教你如何成功，原本我想課程應該會很複雜，但是沒想到卻出奇的簡單。其中有一門課是教你學習如何將腦袋中的想法有效的轉化成實際的行動，課程的方法是這樣，講師會問你：「在座各位有誰想要成功？想成功的請舉手！」，來上課的哪個是不想成功的，當然是全場都舉手，接著講師就問了：「想成功？有多想？」，這一句話問完之後，當場很多人開始面露狐疑，有人說還好，有人說普通，甚至有人想想覺得太難回答，或覺得成不成功都無所謂。在會場中，我只對一個男生印象深刻，因為他當時在課堂上大聲說出：「我很想成功，很想很

想，想到會死！」，老師接著又問：「你想怎樣的成功？」，他回答：「至少在45歲之前可以擁有一台法拉利！」，老師接著又說：「很好，那你有沒有想過法拉利的型號、顏色、內裝、音響、鋼圈、和改車的動力套件？」，問到這裡，那個男生就說都沒想過，只是想要有一台法拉利。老師後來就分享，其實很多人想成功，至於能不能成功的關鍵點就在這，多數人的失敗在於「未將未來的藍圖精確的細部規劃，遭致難以實行，還有對成功的渴望跟迫切感很低！」

　　課堂上的老師還說，當你有個夢想之後，盡可能的從細部去描述它，比方說你想賺錢賺到可以買一戶帝寶，為什麼買帝寶，是因為他的裝潢嗎，還是他的大理石地板，還是他的豪華廚具，或是那套進口的床具等等，當你精確的描述你的夢想時，無形當中就是利用潛意識在對自己強化對成功的渴望，讓自己隨時保持在最佳的進攻狀況，接著才有可能進一步根據你計畫的內容，徹底的實踐。

　　在投資的領域裡，很多人犯了一個絕大的毛病，就是想提前致富，但是一問該如何致富，卻又支支吾吾答不上來，跟那個只是想買法拉利的學員一樣，對於再進一步的目標不夠明確。今天我們要先替自己規劃，首先是打算用多久的時間達成多少的財務目標？再根據自己的風險承受範圍，去想想有什麼樣的投資工具，最重要的是成功實行的機率有多少？接著是資料的取樣，如果想靠投資債券一年獲利20%，那過去債券表現最好的是哪一個時段？最差的表現是哪一個時段？平均表現報酬如何？自己取樣的時間跟資料有多長？而現在的階段訂定這樣的獲利目標，其達成率有多高？有多

少失敗的機率？將這些問題一項一項的條列出來之後，你就會知道你的目標究竟擺在哪裡，容不容易成功，這就是將夢想跟條件「量化」的重點。

　　再來就是要靠時間去幫你達成你的夢想跟計畫，我常在想，如果讓一個人在40歲賺到1億，然後到50歲時賺到10億，要是不大肆改變生活形態跟消費模式，基本上不管是1億或10億，他每天的生活是沒有很大差別的，因為錢已經達到足夠的地步了。我有一天想通了一件事，若讓你選擇現在在短時間賺大錢然後在中老年破產，或年輕的時候辛苦一點但是中老年之後富有，我想每個人都會決定選擇後者，更重要的是，讓你那麼早就賺到法拉利、帝寶，那後面的人生挑戰不就會變得無趣了嗎？人類對慾望的滿足除了無窮盡以外，也很容易麻痺，今天有了LV就覺得LV其實也還好，下次就要HERMES才能滿足你的慾望。太早得到有時也不見得是好事，我覺得很多東西慢慢來才會有趣的多，不是嗎？

　　因此，訂定好你的目標，並且全面性的評估你要的時間限制，跟可達成的機會大小，一年賺10%的目標絕對比一個月賺20%的機率要高出非常多。但是很多人都寧可追求一個月20%甚至更高的獲利，去挑戰那不可能的任務，卻沒想到要讓時間變成你最好的朋友，愛因斯坦說過：「世界上最厲害的武器不是核子彈，而是時間複利。」做好你的致富計畫並盡可能詳細的列出與規劃他，那麼致富就不再是遙不可及的夢想！

贏家與輸家的心理素質

▣▶ 贏家的交易

　　進入金融市場之前，我們總要先知道這市場的真相，對市場瞭解了，才能再談如何進場等等的附帶條件。我想很多人都聽過80/20法則，在金融市場裡面更是存在著這樣的比例，也就是20%的投資人在贏80%的投資人的錢，而80%的獲利流入那20%的投資人手上。如果說在股票市場中存在著80/20法則，那麼在許多更高的衍生性金融商品之中，如期貨、選擇權、權證……等等，存在的更是90/10或95/5的高黃金比例，嚴格來說，整個金融市場當中，僅僅只有極少比例的人「長期」在這市場中贏錢，而且是贏走大錢，這是一種比例相當懸殊的特殊現象，這些人我們常給他們一個簡稱——「贏家」。然而，市場中的輸家比贏家多出太多太多，而且這些輸家還樂此不疲、滿心期待的，甚至如過江之鯽般前仆後繼的拼命想擠進這市場，原因無他，金融市場製造出「容易賺錢」的假象，正是創造出無數輸家的「潘朵拉的盒子」。

　　也正因為如此，為什麼80%的財富總是流進那20%的贏家口袋，就很容易解釋了，最主要的差別，還是差在進入這市場操作的心理素質。經過一段時間後，市場會自動分辨出贏家跟輸家，如果我們現在要重新再進化，由輸家漸漸進入贏家的階段，那麼贏家們贏錢的心理素質就會是我們探討的重點之一。

　　一般而言，長期進行交易的老手跟初進入市場的新手，最大不同的地方在於心態跟經驗。其實這兩樣東西講起來都過於籠統，

舉例來說，很多資深的投資人會對新入市場的新手諄諄教誨，或是利用威嚇的方式嚇唬這些新手，他們會舉證相當多失敗的例子，來告誡這市場並不如想像中的簡單；有的人會拿出厚厚一疊交易成功的交易單，大肆吹噓其戰果，並且開始高談闊論所使用的交易方法及穩大賺的方式，可是一旦深度的詢問他真正成功的方法，大多數也是支支吾吾、答不上來。其實這就是很多人在分析與真正實際操作的過程中，有時會摻雜部分直覺性的交易，簡單的說，當你交易久了，你會說不上來為何有時的上漲你會認為是即將下跌，而有時下跌當中你又覺得即將上漲，這是蠻特別的一種心理現象，不過這樣的方式在看似混亂、卻又有一定秩序在進行的金融市場中並不可行。

股市裡有一句流傳已久的老話：「新手死在山頂上，老手死在半山腰」，這就是告訴我們，初入市場的新手，通常都沒真正見過股市一個完整的多頭市場與空頭市場的循環，因為他們進場的時機點通常是被周遭的氛圍所影響。想一想，什麼樣的市場狀況會吸引一些新的、沒經驗的交易人前仆後繼的投入市場？市場的氛圍是一個決定性的因素，如果一個市場都吸引不到舊的交易人與有豐富經驗的投資人進入，那怎麼可能會吸引到新的交易人進場？相對的，一個市場一旦吸引了足夠的沒經驗的交易人，同時也意味著已經有相當多先知先覺的人先在市場中就定位，準備將手中的部位待高價而沽，清倉拍賣給最後面才進來市場交易的人，這也是為什麼新手容易死在山頂上的原因。太多市場上的雜訊會左右這些新手，太樂觀的氛圍也容易使人失去警戒，此時大腦完全被樂觀的情緒左右，理性的思考通常會被賺錢的快感掩蓋隱藏，最後所做出的一連串錯

誤決定就將這些初入市場的新手推向毀滅的深淵。我覺得有一句話說得很好：「一個錯誤的決定只會讓你感覺痛苦，但是一連串的錯誤決定卻會讓你粉身碎骨。」

這樣看起來，似乎新手只是欠缺經驗而已，那麼有經驗的老手是不是就可以稱為贏家了呢？我想不盡然，我們可以知道有經驗的交易老手只是交易次數比新手多，進入市場比新手早，經歷過的股市多空循環經驗比較豐富，大致上已經可以掌握到市場的漲跌模式，面對手上的交易也比較清楚目前大概是接近什麼樣的環境，但是有經驗的交易者，不見得就會是成功的交易者，何以見得？

不知道大家有沒有過這樣的經驗，當你還是新手的時候，你可能在進行投資商品買賣的過程中，買在跟底部相較下「看起來」比較高價的高檔區，但是由於欠缺經驗，沒有危機意識與樂觀的情緒，有時反而會在意料之外大賺一筆；反觀有經驗的老手，有時反而因為交易經驗多，經歷過大賺與大賠之後，在某些節骨眼上會因為以往不愉快的交易經驗，導致某些操作綁手綁腳，例如在底部附近買到的股票會因為怕帳面上的獲利又吐回市場，反倒太早提前獲利出場，結果後面真正主要的行情卻錯失掉，又或者幾次的連續獲利在一次的虧損凹單中，大量吐回獲利又倒賠回去，我相信在市場久一點的人，多少都會有相關類似的經驗。

因此經驗不一定是左右一趟好的交易的主要因素，但卻是要成為一個贏家所必需的條件，至少豐富的交易經驗，可以讓我們嘗試去多觀察、練習、體驗不同的交易型態與交易環境，也容易從每一次不同的時空背景與重複出現的行為模式中，找出一些高勝算的交易方式或交易策略。

　　我觀察過幾個很厲害的贏家,他們鮮少去分析行情,因為分析行情對他們而言意義不大,但也不代表他們不做這樣的事情,他們稱分析為「規劃」,簡單的說,市場行情的真實走勢才是他們真正關心的東西,他們善於用手邊的資訊與市場消息,條列式的解析其背後的真正意義,他們慣於將分散四處的消息與看似無相關的重要資訊先拆開分析,再組合起來用宏觀的角度去看每一個當中的小事件會如何發酵,並預測大約會在何時發生,接著將這些結果與市場上的實際走勢做結合與比較,從短天期的數小時到長天期的每月、每年,將每個階段與每個階段組合起來,例如數個小時可以組合成數日,數日可以組合成數週,而數週又可以組合成數月,依此類推,正所謂長線是由多個中線組合起來的,而中線又是由多個短線組合而來的。

　　因此,這些交易的高手在規劃的過程中,就會對不同時段的時間區隔做出不同的交易策略,進而去制訂不同時間區隔所要的操作工具跟操作方法,並且隨時根據實際入場交易的情形做修正。這也是這些贏家跟一般人不同的地方,一般人都是忙著關心一趟交易賺多少,或是忙著舔拭前幾次交易虧損所留下的傷口,但是這些贏家關心的是他們每次出手的交易正不正確,錯誤的地方在哪裡,著名的投機家索羅斯曾說過一句話:「金融操作中最重要的事,不是正確的時候你賺了多少,而是在虧損的時候你虧了多少?」

➡️ 交易盲點

　　另一個我觀察到贏家與一般人差別的重點,這個問題我以前也

一個散戶的**成長**

犯過，且深受這樣的問題所苦，那就是「交易盲點」。曾聽人家說過：「眼睛越大的，看的視線範圍就越小」，我相信這一定是句玩笑話，不過這說明一件事，那就是一般人容易將目光和焦點放在最大的目標上，而忽略視覺焦點周圍的地方。還記得國中的生物課程中有一項有趣的實驗，叫做「盲點測試」，在眼球的構造中，視網膜連接視覺神經的那一個接點上，是看不見東西的，大家可以做一個有趣的小實驗，拿出一張空白的紙，在紙上畫一個約0.5公分的實心黑點，再將這張畫好黑點的紙放在你視覺的正前方直視，接著用手將這張白紙水平的慢慢往左或往右移動，在移動的同時，一樣將視覺的焦點停留在你的正前方，此時你的眼角餘光仍然看的到黑點的移動，但是有趣的事情來了，當紙被水平移動到一個距離時，你會發現剛剛眼角餘光還看的到的黑點，居然神奇的消失了，可是一旦你再稍微移動一點距離，或是移動你注視正前方的焦點讓它稍微偏移，就會發現那消失的黑點在一瞬間突然又出現了。消失的黑點與視覺焦點在你正前方所相差的的實際距離，就是生物學上所說的「盲點」，也就是說，會讓你覺得視覺消失的那個點不是看不見，只是在我們的焦點範圍之外，我們沒有注意到的地方產生了很大的視覺缺陷，這是純生物學上的解釋，不過有時候「盲點」的產生卻跟心理因素有關。

我們都知道魔術是很神奇的一項技法，魔術師常常會出其不意的將東西變不見，或是變出不一樣的東西讓我們驚聲連連，其實我們都知道魔術不是什麼靈通或法術，它用的是人類視覺盲點的特性，也就是俗稱的「障眼法」，以及利用觀賞者的「邏輯推理瞬斷」的方法。所謂的障眼法，是將物體隱藏於視線看不見的地方，

讓觀眾產生錯覺誤以為物體已經不見，最常見的手法就是將錢幣或香菸藏於手指、手心、手背、衣袖或道具當中。障眼法的特色就是觀眾與魔術師之間有一段距離，利用環境的掩蔽跟魔術師話術的引導完成表演，然而現在魔術界裡最流行的是「街頭魔術」，也就是「近距離魔術」，利用魔術師與觀眾非常近的距離，觀眾認為不可能在他的視線範圍內還能變出魔術，那種震撼力更大，障眼法是基本的，但再加上「邏輯推理瞬斷」才是近距離魔術的精華。

　　一般我們的邏輯推理是屬於線性的，也就是簡單的1＋1＝2，舉個例子，下列數字中缺的問號應為何數？1、3、5、7、「？」，我相信很多人一定會將答案填上「9」這個數字，但是我說答案是「11」，為何？因為1、3、5、7、11是質數，而「9」這個數並不是質數，他是3的倍數。很多人一定會認為我作弊，說我沒事先說明題目的條件，賓果，的確，我沒事先說明好題目的條件，但大多數的人還是先猜了答案，僅有少部分的人會在回答問題之前先觀察到這個疑點。我們在做邏輯推理時，是根據以往的經驗做出線性的邏輯判斷，而魔術師利用的推理邏輯瞬斷，就類似我剛剛用的小技巧一樣，會將參與者的思考邏輯導向一個非原本線性的結果，這樣一來，就會發生思考突然中斷的情形，魔術師就很容易引導你進入他要的結果，而且最後的結果會被潛意識強烈的放大，這就是邏輯推理瞬斷的技巧，這時候心理學上的盲點就會出現，而不是視覺上的。

　　那麼在交易中，這幾項心理學對我們有什麼樣的影響？在「盲點」的事件中，我們很容易忽略小細節，然而這些小細節就是分辨

出贏家交易者、一般交易者與輸家的最大分水嶺。

在交易當中，最容易被忽略掉的一件事就是「交易成本」，在台灣的股市中，買進任何金融商品不需要課稅，但是需要付給券商0.1425%的手續費，也就是當你完成一筆交易時，你買進總價金的0.1425%是進入券商的手續費當中，當然如果你的單量夠大，進出金額不小，可以跟券商談更低的手續費，但是0.1%上下的手續費絕對跑不掉，因為券商也要生存，不可能給過低的退佣折讓；相對的，買進之後要賣出，賣出的時候也要再給券商一次手續費，並且再繳交賣出成交總價金的千分之三給政府，當作交易稅。0.1425%跟0.3%，在一筆龐大的交易當中或許讓人很容易有錯覺，覺得是很小的數字，但是想想，券商的手續費若以0.1425%×2＝0.285%，加上交易稅0.3%，一趟交易買進跟賣出，先不計獲利與損失，你必須先付出的交易成本就是0.285%＋0.3%＝0.585%，記著，這數字接近1%。

也就是說，如果你的成交價金是100萬元進行交易買進賣出一趟，無論有無獲利或損失，你一定要付出的是5850元的交易成本，5850元對100萬元本金，你一定沒感覺，但若假設你是一個日交易者(Day Trader)，也就是俗稱的當沖客或搶短帽客，那麼我們來算算一個月20天的交易日，當每天都進行交易時，需要付出多少交易成本，5850×20＝117,000元，很有趣，一些很小的數字經過一連串的放大，竟變成這麼龐大的數字，11萬7千元的交易成本，佔去本金近12%，你說可不可怕！每天當沖一次就要這麼高的交易成本，更不用說有的人一天進行超過2次以上的當沖交易。更重要的

是，你一個月的交易獲利至少要12%才能打平，變成沒輸沒贏，如果你設定一個月要獲利10%，那就意謂著一個月的獲利要超過22%才有機會達成，一個月獲利22%？投資界裡的首富－股神巴菲特都不能達到這樣神乎其技的水準了，更何況是像你我這樣平凡的市井小民？有獲利的情形都是如此了，更遑論如果你還有遭遇損失，這樣無疑是將正在漏的米袋把洞再挖得更大，加速損失，不消幾次就準備因為本金消耗殆盡而提前畢業離場了。

看到這樣的數字，你還會夢想成為一個當沖交易者，每天預計賺個3%、5%就走人嗎？我想在還沒交易成功之前，先成為一個失敗的交易者，其機率絕對比中樂透或刮刮樂還要高出非常非常多，而贏家就是在進場進行交易之前，先精算自己可能要付出無可避免的交易成本，盡可能的降低交易次數並獲得最大的報酬，才可能免於交易成本的魔咒而面臨資本的虧損。我當初在操作期貨的時候，幾乎是每天交易，後來卻發現總是無法有效的大量增長帳戶的規模，反倒在有虧損或沒行情的時候，帳戶規模一直縮小，在請教一位贏家之後，我列出了三個月來的對帳單，才發現我付的交易成本竟然比獲利要高出兩倍，更不要說那些虧損的交易所帶來的慘狀，我這才第一次見識到交易的成本竟然對操作有那麼大的殺傷力。從那一次被點破之後，我便專注在精確的入場點，並且大量降低交易次數，果然這樣的策略奏效了，往後的日子中，我因為交易成本造成的蝕本效應就變的很小，這是「交易盲點」帶來的魔術，希望你也能細細的品嚐。

其實贏家的交易跟一般人或輸家的交易並無太大不同，唯一不

同的地方在於他們掌握較佳的交易心態跟技巧，還有對人性心理的掌握，他們在遇到緊急事件時比一般人更冷靜，而且更有策略，保持冷靜的態度、進場的從容、交易策略的制訂，還有優異的風險與資金控管，是這些贏家贏盡大多數人的利器。很多人多半不是輸給市場，而是輸給自己，因此，要進入好的交易者甚至是贏家的交易殿堂，心理素質的提升是最重要的。

📑 探討幾個虧錢的原因

　　總結在股市裡面虧大錢的原因，我曾跟幾個有實力的高手討論過這個問題，如果投資人在面對這些問題時能加以重視，甚至反其道而行，說不定可以因禍得福，尋找到在股市裡賺大錢的方法。

　　虧錢原因一：在高檔買股過多而在低檔時建立過少低成本的股票，以過往的經驗來說，在低檔人氣潰散、人人見股喊打，大喊不要再用身家財產買進任何股票時，往往是空頭市場的末段，但驚天動地的賠錢嚇怕之後，膽子變得很小，在真正的底部時往往只敢小量買入，就跟買樂透一樣，都是試試手氣用的。隨著股市氣氛轉熱、行情開始慢慢上漲，又有越來越多的散戶開始賺錢，於是這些嚇怕的人又開始慢慢變得膽大，並且往往是越來越大，到了多頭市場的高峰期，甚至有人頭腦發熱、大量融資入市，或者股票嫌賺不夠，開始投入期貨市場或選擇權市場等等高槓桿的投資工具，這就構成了輸錢和輸大錢的一個重要原因，「股價低檔的時候輕倉，股價高檔的時候重倉」。

可見，要避免虧大錢、進而賺大錢，就必然要做到：「股價低檔敢勇於面對恐懼並適度重倉，在股價高檔時勇於忍住貪念提早離場」，這一方面需要投資人有看大勢的「慧眼」，另一方面，要有低檔時力排眾議、敢於重倉的勇氣，高位要有不戀小利，甘於澹泊明志的自制力。由此得知，在股市裡面要能賺大錢，不但要有大智慧，更要有高超的心理修養。

虧錢原因二：不敢勇於停損造成賠大錢，相當多的散戶朋友就是這樣由小虧變為大虧的。買了股票，賺錢沒有走，結果變成不賺不賠幫政府跟券商打工；心裡面於是想著：「再等一下，股價馬上就會回到XX元了！」結果沒輸沒贏變成淺套；淺套時想撈回本錢再走，結果急漲緩跌，跌得你不知不覺，讓你一套再套，形成連環套，最後小套變成深套，小樹終於長得像大樹一樣高；深套之後，終於有一天你熬不住了，需要錢了，或是賠甘心了，或者這是你最後不得不殺出的棺材本，總有一些任你哭斷腸的理由逼你出脫持股，於是當你出脫持股不久，你才發現恰恰賣在地板價上。小賺小虧變成大虧，就是這樣演變的，比三國演義的三分天下還要精彩。

上述的現象中，固然有投資人不識大勢，看不清楚實際趨勢的原因，但是，也有不知道停損、不善於停損、沒有壯士斷腕勇氣的原因。一般來說，每到能夠虧損整體資金帳戶超過30%甚至50%、70%時，要嘛不是操盤的人出了問題，要嘛就是股市出了問題，不過想想，股市會出問題嗎？行情每天就是這樣走，會輸錢難道怪市場嗎？那那些贏走你口袋裡的錢、那些贏家又該怎麼解釋？投資人有時是不是也應該反思會虧損的原因？

一個散戶的**成長**

虧錢原因三：投資不當造成血本無歸，從久津、博達、耀文、雅新等例子來看，輸大錢的重要原因在於當初入場時選股不當，特別是有些公司過去都還是某些外資或投信法人極力推薦。由此可見，不論是機構投資法人或散戶，有時都有潛在選股不當的問題，都有缺乏基本的投資觀念誤差的情況發生。

因此在選擇投資的項目跟方向上，應該要做到「盡量避免輸大錢，努力邁向賺大錢」，盡可能做到賺多賠少。羅馬絕不是一天造成的，股價要崩盤、公司要下市也不是一天兩天的事，很多的蛛絲馬跡需要你一而再、再而三的詳細確認。我永遠記得曾有個高手跟我說過：大盤處高價，買進任何股票或市場最旺的人氣，向來都是投資的大忌；而在股市低迷時，懂得違反人性在中低價或被低估的股票上做中長線投資，才是獲得豐厚利潤的常勝之道。

過去在聚財網上，羅威版主曾經提出一個有趣的問題：「如果把所有會賠錢的方法都提出來討論並且加以克服，是不是就會開始賺錢？」，當時也引起許多人加入討論。重點是，我認為就算把所有的賠錢方式都列出來了，也做了防範的配套措施，還是會有人賠錢，為什麼？因為股票市場是一個試煉人性的最佳場所啊！如果人性這麼容易被克服，也就不會有那麼多的宗教要來救贖人類了。

贏家跟輸家往往是一線之隔，而要變贏家的最好方法就是多接觸這些人，若沒辦法遇到這些人，就想辦法從別人的著作、書籍、演講等任何形式的經驗傳遞去吸收學習，我想這是脫離輸家、轉進贏家的先決條件也是第一步，第一步如果能踩穩，後面一階接著一階的成功之路，也才會慢慢的浮現出來。

基本面或是技術面？

　　股市投資分為兩大教派，一是基本分析派，一是技術分析派，各個學派都有所謂的大師，當然，一個行業裡如果有大師出現，無疑像是看到救世主，就好比沙漠中即將渴死的旅客赫然看見綠洲有水喝，自然而然會有一堆崇拜的追隨者跟隨其教派。然而，究竟要捨基本分析就技術分析，或是捨技術分析就基本分析，端看投資人的投資心性跟投資邏輯與哲學。

　　當今在基本分析裡，做到帝王的大師首推二人，一是美國第二首富並擁有不敗帝國波克夏集團的首要靈魂人物─華倫‧巴菲特，二是富達集團不敗神話的基金經理人─彼得‧林區。此二人是基本教派中所有子民膜拜的對象，其基本分析的主要精髓在於高階細膩的財務報表分析，並且善於利用分析價值的模型，找出被嚴重低估或尚未被世人所發現的優質公司，在股價瀕臨超跌時進場承接，買進後「長期持有」，享受長期配股配息的資本利得。

　　簡單來說，基本分析就是在沙礫堆中篩選出黃金跟鑽石，透過長時間參與企業的利潤分享，達到真正的價值投資。其最主要的基本投資哲學與邏輯就是，不參與短時間股價價差的套利行為，而是真正的實際參與企業所賦予股東的所有利益，享受長時間帶來的企業經營利潤，再透過複利的魔力不斷增長累積財富，達到投資理財的最高境界，分享企業所回饋的經營利潤與價值增值，與公司不斷成長後跑出來的股票價差。這也是巴菲特和林區從年輕到老的一貫投資核心，不過由於彼得‧林區是專業基金經理人，為了應付基金

的贖回，也會在有足夠的價差之後拋出持股，而巴菲特則傾向永久持股，雖然兩位投資大師最後處理獲利的方式不同，但重要的是，他們所有的投資靈感其實來自於生活中再平凡不過的身邊周遭事，這也需要細膩且豐富想像的觀察力。

剛剛談了有關基本分析，在基本分析裡有大師，那麼技術分析裡有大師嗎？要尋找大師之前，讓我們先來談談所謂的技術分析。什麼是技術分析？在股市裡或是所有投機性的金融商品之中，何謂「技術」？這點值得我們在尋找完美技術分析交易的聖盃之前先仔細探討。在股市、商品、外匯……等等，最基本的構成因素有三大主軸，**價格、時間、成交量**，價格建立在時間上，成交量建立在價格上，這三個主體先架構好之後，才有所謂的技術分析。那麼什麼是技術分析？簡單而言，利用價格或成交量為主幹，分枝出去的數學計量統計，或是利用大量的圖表跟數據為底，用價格與成交量過去歷史的變動，來預測未來可被掌握的價格變動，就是我們所說的「技術分析」。說了一堆像是繞口令一樣，其實這是基本的觀念，旨在告訴你，技術指標只是一連串複雜的數學統計，不是什麼很神秘的秘密，更不是神話。

舉例來說，市面上最常用的以價格來預測未來股價的，是日本的「酒田K線」，也就是我們常說的「K線」。K線所使用的是每日的開盤、收盤、最高、最低共四個價格繪製的線圖，一般我們可以很輕易的在一些財經網站或股市網站，甚至在券商或自行付費軟體中看到。學過K線的人都知道，K線裡有許多的型態跟口訣，像是最常聽的「母子線」、「烏雲罩頂」，還有什麼「三紅兵」、「三黑

兵」等複雜的單根K線或組合線型，這是利用價格所延伸出來的技術分析。

此外，另一種利用價格的方式是用計量統計的方式，將複雜的數學計算公式去特別計算之後得出的數值，也就是一般我們常用、常聽的「指標」，像是均線(Moving average)、相對價格強弱度指標(RSI)、隨機指標(KD)、移動平均收發(MACD)，還有上百種利用價格去做運算的各家各派常用或鮮用的技術分析指標，這是利用價格所做的第二種延伸。

最後一種，是利用成交量的變動，觀察每天成交量的增減，並輔以主力買賣超、外資買賣超、融資融券餘額、券商進出表，將成交量變動的紀錄做完整的分析，再加上這些成交量的變動對價格影響程度做分析，預測未來的股價變動，這種不看指標的操作方式也是大有人在。

其實簡單來說，不論你用的是何種方法，都脫離不了「價格」跟「成交量」的範疇，而這兩個因素都是需要被固定在「時間」上的，因為不同時間的相同訊號，代表不同的趨勢發展，同時也代表著不同意思的解讀，也因為這樣，技術分析才會如此被神話、被藏私，因為對訊號的解讀完全倚靠操作人的經驗與臨場對指標雜訊的排除，絕大多數的人在技術分析上賠大錢，都是因為對特殊狀況的「眉角」不能掌握，造成一兩次的獲利在接下來的數次虧損中消失殆盡，而且還倒賠回去市場。

老實說，技術分析裡沒有大師，更沒有神話，靠的是對指標的

熟悉度跟危機狀況的處理，然而這些技巧往往是某些下過功夫或特別有盤感的人才能確實掌握到的，一般人用的只是指標的皮毛或口訣，像是KD的交叉買賣或RSI的80超買及20超賣，靠著一招半式就妄想輕闖江湖，也難怪技術指標永遠是股市新手的最愛，同時也是這些新人的墳場，更是一些學藝不精市場老手的英雄塚，真正靠技術分析賺到大錢的，不是已經死了(因為指標的創始人大多數都是外國人在幾十年前所研究發表的)，不然就是沈在檯面下，默默的在金融市場中賺走一次又一次大量的金錢。我到現在還沒有見過哪個很高調的技術分析使用者賺到大錢的，當然，聚財網上的司令大也許就是個特殊案例，不過話說回來，如果不是拜在司令大技術分析下的子民，能知道正確的指標使用方法嗎？

回到原話題，初入市的新手或是已經在市場中滾好一陣子的老手，究竟是要以基本分析為進出市場的依據呢？還是純粹以技術分析為進入市場的買入賣出訊號？這個問題其實沒有標準答案，青菜蘿蔔隨人喜好，只是對我個人而言，身處像台灣這樣的淺碟市場，又隨時深受政治上的不安，基本面的分析可以讓你找出更優質的公司，讓你買得安心、抱得放心，即使短時間套住了，在公司長遠強勁的表現之下，也能長期投資，賺取比銀行定存更棒的利息收入；而技術面的分析則是可以讓你更為精確的掌握買進跟賣出的最佳時機，誠如巴菲特這樣對基本面最忠實的教徒，也會在股價被過度扭曲之時賣股，而不是一直死抱著股票不放，人生最大的憾事大概就是買過所謂的「飆股」，卻從低點抱到高點，再從高點抱回低點，做了一場美夢之後再醒來。

其實基本面強調的比較偏基本功，像是武俠小說中的「內功心法」，因為透過財報或是針對公司的營運做全面性的普查，能提升一個人對投資的細膩度，會真正的去發現、挖掘投資中的樂趣，同時也能夠將投資的戰線拉長，不必在短線中汲汲營營的去計較一些價差，享受投資中的寧靜，投資起來也比較舒服。當你清楚知道你在做些什麼事之後，抱起股來也比較安心，晚上睡起來也比較香甜，不必每晚還得偷偷爬起來，關心今天的美股走勢是否會影響明天的台股走勢，這同時也是基本分析的優勢，獲利公式＝時間x複利。

而技術分析就像是武功祕笈，能讓功力大增，比較強調時效性，一般會鑽研在技術領域的人，多半也都是無法忍受過長的投資時間，簡單說就是股票已經是血液裡的一部份了，像賭癮一樣，有時手癢想要下場玩兩把，投機性跟可操作的空間是一定要有的，而短時間內，在趨勢行情裡賺錢的速度也會比基本分析的人快很多，重點是，技術分析既是大量的數學計量統計，就表示在某幾種特定的情境之下，歷史發生過的情形會一再重複的發生，此時只要專注在某幾種能賺錢的模型之中，技術分析創造出來的利潤也不小於長期投資。只是技術分析強調的是專精幾種熟悉常用的指標或進出工具，利用大量的圖表跟數據去練習跟修正，並且將過去的經驗記取下來分析、檢討是技術分析中最重要的一個部分，這些東西要確實去做，才有可能將技術分析的功力再往上推一個層級，而其缺點在於常需要時間盯著盤面抓轉折，比較容易迷失在短線來回的價差之中。

一個散戶的**成長**

　　我個人認為，一個好的操作者或投資者，都應該試著混合基本面跟技術面的優點，藉著60%的基本分析基礎去慎選質優的公司長期持有，享有豐厚配股配息資本利得，再藉著40%的技術分析去觀察股價是否有超漲或超跌的現象，更精確的去訂出買進跟賣出的時機，更甚者，將部分持股做波段性的操作，在趨勢行情中製造更棒的價差交易。巴菲特跟林區都有說過，一趟獲利良好的成功交易，取決於交易時取得成本的優劣，而成本的定價靠的是基本面的支撐，好的價格買進賣出則是靠精確的技術分析，一旦將技術分析融入你基本分析的模型中，此時的技術分析就像是一把利刃，更能夠在投資的領域中發揮更完美的效力。

入市先修班：停損

■▶ 為什麼要停損？

　　在漫談一切股市可以賺大錢的技術、技巧之前，要先學的第一件事，就是「停損」。什麼是停損？這是一個名詞，叫「停止損失」，是試著想靠學習成為專業投資人最先要學的事，也是在學習怎麼從股市裡大賺特賺前的預習功課。學會停損，就是讓你先學會風險的控管，學會面對市場的損失，這就是為什麼我們要先從這裡開始談任何股市中的一切。

　　我必須要說的是，無論你是一個初入市場的新手，或是一個經歷過大風大浪的老手，或是在市場中大撈特撈的高手，無可避免要面對的一個事實就是，「我們不可能每一次都會看對」，更難的一堂課就是我們很難「承認」我們不可能每一次都會做對。進入市場的每一個人都會認為自己的看法一定是對的，這次的出手一定會大賺特賺、缽滿盆滿，更多人希望自己每一次出手都能正確、都能賺錢，但是很多時候事實發展都跟我們想的不同，因此學會停損，停止你手頭上部位的損失，是很重要的一課。

　　股市是一個很特別的地方，它不會在意你是什麼種族、是男人女人、是高學歷或低學歷，甚至它也不會在乎你是什麼身份，只要你有資金，一旦進入這個市場，一律都是公平對待，因此賺錢、賠錢都是同樣的規格，不會因為你比較特別，就讓你多賺一點或少賠一點。在股市中機會其實都平等，不會特別照顧誰，今天誠如李遠哲博士這樣聰明的人來投資股市，也不代表在股市一定能賺到錢。

一個散戶的成長

　　停損其實是一種保護機制，保護我們所投入的原始本金，要記住，我們會拿來投資股市的原始資本，多半是辛苦工作或長時間的存款一點一滴累積下來的，這些錢是我們努力很久、用血汗賺來的，對我們而言，是未來退休的嚮往，是旅遊基金的夢想，是為了提早達成財務自由最重要的種子。種子在還沒發芽之前都是最堅硬的，但是發了芽之後卻非常脆弱，我們的本金也是一樣，在還沒拿出來做任何投資之前，無論你是定存或活存，可以確定的是錢一定不會損失，一旦提領出來準備投資之後，就會開始承受損失的風險。當然不是說這樣就不能投資，而是應該在將資金準備投入金融市場之前，先想想我們所能承受的風險在哪？我們希望控制多少的損失在可忍受的範圍之內，這也是停損最大的概念。

　　停損之所以那麼難做，那麼令人難以下手，「承認自己失敗」是最大的主因。在股市中，一旦你精心看好的股票，相對就會投入很多心思去研究、調查，最後投入金錢真正參與其中，此時「停損」就像是宣布你的看法錯誤、你做錯了，那種你準備很久之後，興高采烈的原以為可以歡喜收割，卻被無情的修理一番，在心境上是很難接受的。特別是如果你又將這些股票報給親友或認識、不認識的人，同時你自己也買了一些，準備印證你的看法，一旦真到了要停損的時候，總會砍不下手，心理壓力也特別大，會安慰自己：「我再等等看，馬上就要反彈了，馬上就會回升了」像這樣的謎之聲會一直在心裡盤旋，最後就忍住不去停損。

　　相信大家都有這種經驗，就是你這一次想要停損了，結果一賣完過沒多久或過個幾天就開始飆漲，最狠的是那種直接攻漲停板

的。我老爸也常常表演這種大絕招，有時候他買很久的股票都不動，一旦他覺得大勢不好，停損出場之後，股票就開始大漲特漲，最神的一次是他抱了快2個禮拜的味全，在停損賣完的5分鐘內直接攻漲停。

我相信這種很嘔、椎心刺骨的感覺非常不好，很多人也都有相同的經驗，幾次之後心裡就會有個聲音說：「這一次等等好了，你看前幾次停損完股票也都飆上去了，證明你的看法其實沒錯，這次應該會跟前幾次一樣，而且股市也還在多頭啊，幹嘛那麼早停損，等看看，這次一定會漲上去的啦，現在先不要賣，不然要是賣完之後漲上去，我就真的要吐血！」一定很多人有過這種想法，但通常忍住的那一次，後面都虧一筆大的，而且重傷的機率很高。在股市中，一旦重傷，都要調養好久好久才有可能回復原來的元氣，所以從你決定進入金融市場做任何投資之前，就應該將停損這個動作融入你的基因裡面，然後把他牢牢記住。

停損看似簡單，只是把虧損的部位砍掉，但其實他的內涵並不像我們所想的那樣，在我的觀念裡，我認為停損就跟買保險一樣，是一種保障。在金融市場中，我們永遠不知道下一秒鐘會怎麼樣，我們無法控制會賺多少，但是絕對可以控制自己的部位，決定虧損多少。帳戶裡的浮動盈利只有被提領到銀行帳戶裡，才算真正的獲利，否則都只能算是黃粱一夢，但是如果我們能夠靠著停損，將最大損失控制住，那麼我們就可以免於暴露在更大的風險之中。雖然有時候會覺得停損像是比較保守的守勢，卻可以讓我們在每一場大小的戰役之中，就算受了傷，還是可以安然的活下來。

一個散戶的**成長**

　　舉個例子，相信大家都會有這樣的經驗，很多人一定都會有一些保險，特別是當大家開開心心的要出遠門遊玩或是去國外度假時，要搭飛機或是搭遊覽車前都會買個平安險或意外險。問問自己，當你去旅遊時，你買了平安險或意外險，你有在旅遊當中身亡嗎？很多人如果現在還安好的在看這本書，就表示一定是沒有，那你會因為沒有領到那筆保險金而覺得可惜或生氣嗎？因為你可能發現你白白浪費一筆錢在這份保險上，那你是不是就會因此在下一次出遊時，拒絕繼續投保類似的保險？難道你保這些保險的原因是因為你想領這筆保險金，或是你已經預知你會發生意外，並且100%會在意外中喪生？

　　不可能嘛！你買這些保險當然是為了保障自己，倘若真的遭受到什麼樣的意外，能有個緊急的應變措施，來應變這個很低、不太有可能發生的意外。雖然這些意外發生的機率很低，但是不代表不會發生，而且一旦發生，很有可能使你與你的家庭陷入愁雲慘霧之中，那麼這個保險就能有很大的作用。而在金融市場中，**停損**，就**是你為你的投資項目所買的保險**，這也是停損最大的意義，保全你的資金，才能保留下一場繼續再戰的本錢！

➡ 停損的策略

　　我們知道停損的重要性之後，接著我們可以談談該怎麼停損。說到停損，其實只是簡單的把我們虧損的部位砍掉而已，只要我們能克服打電話給營業員說賣出，或是按下電腦螢幕前最重要的送出鍵，就可以輕鬆的把部位結束掉，不過話說得簡單，一旦真要拿起

電話或是移動滑鼠、鍵盤去將部位結束當時，心裡頭又是一陣天人交戰，但是既然停損是為了保全我們投入本金的最小損失，該做的還是得做。然而，也不是隨隨便便的賣出就叫停損，我們應該在賣出前訂定一些出場的準則，這樣才不算是盲目的停損。

坊間很多的理財書也都會在某一個章節談到停損出場這個機制，大部分以投入本金的10%、15%、20%停損這三種為大宗，以上面三種不同比例舉例來說，如果你的原始本金是投入100萬元，假設第一次進行投資就失利，當你接受了以上「專業」的停損建議，停損第一次之後，你出場後的本金規模會變成以下三種：以虧損10%為停損基礎的會變成90萬；以虧損15%為停損基礎的會變成85萬；以虧損20%為停損基礎的會變成80萬，每個層級的差別都是5萬。我想很多人看到這些數據一定還沒感受到差別在哪，那麼同樣的步驟我再做一次。

在真實的市場中，我們運氣「很好」的比率總是不小，可能會遇到兩次或兩次以上的「連續停損」，如果我們以剛剛進行第一次停損後的原始本金再投入市場，結果運氣很衰的又遇到一次停損，這時我們是在完全無獲利的狀況下連續停損兩次，簡單的說，就是遇到了「連續停損」的狀況。讓我們回頭檢查一下剛剛投入的原始本金現在變成什麼樣子。

剛剛我們以投入本金的10%、15%、20%這三種來停損，第一次停損完後，剩下的原始本金分別為90萬、85萬、80萬，當我們再繼續遭遇第二次的虧損，因而進行停損後，以虧損10%為停損基礎的會變成81萬，以虧損15%為停損基礎的會變成72萬，以虧損20%為停

損基礎的會變成64萬，現在我們來檢查看看這當中有什麼變化？

我們在第一次停損之後，每個停損層級的誤差為5萬，但是我們進行第二次停損後，可以發現每個層級的誤差分別為9萬與12萬。有感覺了吧？不同層級的停損比例，在進行第二次連續停損之後，本金規模的差距變大了。那我們來看看最後的結果。

以原始本金虧損10%為停損基礎的，經過連續兩次停損之後，100萬的原始本金變成81萬；而以原始本金虧損15%為停損基礎的，經過連續兩次停損之後，100萬的原始本金變成72萬；最後以原始本金虧損20%為停損基礎的，經過連續兩次停損之後，100萬的原始本金變成64萬。我們可以看到，不同比例的停損機制，最後剩下的本金情形竟然差這麼多，一來一往間就發現，無論你用的是本金幾個百分比去做停損，一旦遇到連續停損，在你還沒有享受到「複利」這比原子彈更厲害的東西所帶來的好處時，就搶先感受到複利對本金所造成比原子彈更厲害的破壞力。因此，我們在這個地方瞭解到一件事：停損，既是因為你的錯看或失誤才造成的失敗結果，那就必須以最快的速度處理部位，並且盡可能的將損失與傷害降到最小。

當我用複利計算連續虧損的狀態之後，我簡直不敢再看第四次或第五次以上的連續犯錯，因為後面的數據很驚人。因此我得出了第一個結論：**停損的基礎必須越小越好**，停損10%對於投入本金的保護效果絕對比停損15%好，停損15%的保護效果絕對比停損20%好，停損20%的保護效果又絕對比停損20%以上好，依此類推。我相信很多人一定會說將停損設個3%、5%不是更好？我只能說，你現在

身在台灣，台灣是個淺碟市場，容易受到政治、經濟等種種因素影響，常會暴漲跟暴跌，上下就像沖洗三溫暖似的，看看之前幾次的紅衫軍運動、馬英九案或一些重要的政治事件所造成的強烈影響，以及當天的巨大波動便可略知一二。當你將停損設定得越窄，就越容易被洗出場。如果你以3%、5%連續做10次停損，其實效果跟你以10%或是其他比例做停損基礎的效果是一樣的，不過較窄的停損基礎，的確比利用較寬的停損基礎對本金的傷害要來的小，至於要調整到多大多小，後面都會詳細再討論。

因此，停損的基礎要小，但要多小就見仁見智。有的人可以忍受較大的風險，允許停損到20%的範圍，有的人可能容忍風險的程度比較低，也許10%、5%、3%就覺得承擔的風險已經很大了，究竟取多少的基準較好，就看個人以往的操作習慣去做調整。不過要記得一件事，調整的停損基礎越大，所承受的市場風險就越大，一旦進入投資惡夢的「連續虧損期」，不消幾次，資金縮水的速度會快到驚人。

至於我個人的習慣，我可以提出來跟各位分享。在台灣的股市當中，我們跟其他歐美國家的不同之處在於我們有每日漲跌幅的限制，每日的漲幅是7%的漲幅限制，而跌幅也一樣是7%的跌幅限制，因此我個人習慣用「一根跌停」停損法。我們知道一檔個股一天當中要達到漲停板或跌停板，一定有強力的利多消息或利空消息，才會造成這種絕對強勢或是絕對弱勢的走勢，而在沒有這些消息釋放之時就有漲停或跌停的現象出來，即顯示這檔個股勢必隱藏一些我們不知、未來將釋放的利多或利空，某些有心人士比我們先提前卡

位時，便在盤面會有表徵，因此我將一根跌停的方法應用在停損上。我將我**進場的價格**設定一個7%跌停的價位，此為我的停損出場價格，而不是一定要在當天的行情中有看到跌停才停損，這一點我得特別強調，當盤中或是接下來的行情跌破這7%的價格時，我就會將部位砍倉出場。

用「一根跌停」停損法的好處在於價格明確，在進場之時就可以算出我們的出場價格，一旦點到出場價時就可以從容出場，也可以把停損的空間跟傷害降到最低，不過壞處就是7%的空間有時略嫌太小，很容易在突然的利空時被洗出場。但自從我決定用「一根跌停」的停損法之後，我反而將大部分的時間花在鑽研「正確」的進場價格，也就是更精挑入場價格以避免被洗出場。所以用「一根跌停」停損法，不但是為了要控制損失的範圍，也是進一步磨練自己挑選更正確的進場價格。

我認為停損其實是一個比較機械式、被動的方法，也就是利用已經規劃好的價格，替未來買一個保險，一旦價格觸及，也比較知道該做什麼動作，而不是看著行情重挫急殺，才跟著手忙腳亂的胡亂殺出造成虧損連連。因此我開宗明義就講了，在你決定投入金融市場之前，先想想你準備虧多少？你能虧多少？搞清楚這些事情對你的重要性，我們才能開始慢慢談如何提高獲勝的機率，該學習磨練哪些技巧，幫助我們贏得最大的獲利。

風險管理

　　談完了停損，就該談談風險的管理。在股市中，我們遇到的大小事件不一，對股市造成的衝擊程度也都不一樣，我們沒有辦法、也不能用一個簡單的公式或數學方程式，輕易的將風險精算出來。很多財務工程學的風險計算理論是架構在整體市場是理性的基礎上，因此精算出來的數據看似「合理」，但是我們知道造成市場風險的原因不一，更重要的是，參與市場的主體是「人」，人類是最理性也最無理性可言的一個群體，當大部分的人處在理性的情緒與思考時，表現出來的市場就是理性的，反之，便開始造成非理性市場的開始。所有市場的大波動都是在非理性市場當中被製造出來的，大波動同時也代表著高利潤與高風險，一般人都想在大波動中賺錢，一旦當自己身陷其中妄想著高獲利時，卻又時常陷入非理性的情緒與思考邏輯，而落入高風險的圈套當中。

▶ 系統風險與非系統風險

　　我們可以將市場的風險分為兩種，一是系統性風險，二是非系統性風險。所謂的系統性風險代表的是造成市場波動的因素，是不可抗拒的天災、地禍，或是一切人為無法抗拒的因素，最著名的幾個事件像是921全台大地震、美國911雙子星大樓遭恐怖攻擊事件，還有2004年319陳水扁總統遭槍擊事件，這幾個著名的突發事件，事後都發生了股市重挫。這樣的突發性風險，很多人根本連跑都來不及跑，造成市場有流動性的風險，賣方找不到買方的現象，這就是系統性風險。操作股市、匯市或是其他金融商品最怕的就是發生

系統性風險，因為一旦發生，沒有做好避險或風險控管的人，很可能在一次的系統風險中就提早畢業。

而非系統性風險則是指扣除系統性風險之外的因素，所有人為會造成波動的因素則為非系統性風險，像是公司利多或利空消息的宣布，或是經濟數據的公布、政府政策的發表造成的市場波動，都列進非系統性風險的範疇裡面。當我們搞清楚風險的來源之後，我們就可以清楚的知道，既然系統性的風險無法避免，那在投資過程中，我們只要專注在人為因素影響的「非系統性風險」之上，做好風險的規避，就可以放心的在金融市場中存活；至於系統性風險，我們僅需要在部位裡做一部份的避險就可以將傷害降到最低，而且系統性風險發生的機率也比較低，我們在面對不同的風險時，只要做好該做的，反倒不必太擔心究竟來的是系統性風險還是非系統性風險。

🔲 毀滅性風險

應用在賭博當中，是指你在連續幾把遊戲中能夠將你的本金輸光，而將本金輸光的機率就是所謂的毀滅性風險。在金融交易的遊戲裡，我們都曉得贏錢跟賠錢的機率是各一半，而在投資金融商品的過程當中，只有3種情形會發生，上漲、持平、下跌，我們在進行一場交易之前，根本不可能知道贏的機率高還是輸的機率高，只有出場結束交易後才會知道，除非我們在進場交易前就已經先評估風險，例如在賭場中我們想有技巧地贏，就應選擇玩21點的遊戲，而不是俄羅斯輪盤、吃角子老虎或擲骰子，玩過這些遊戲的人都會

知道哪一項遊戲贏錢的機率高，而在經過風險與機率的考量之後，我們會選擇對我們有利的遊戲。

假設今天是進行一場零合遊戲，當你贏的時候，你可以獲得賭金的兩倍，當你輸的時候，則失去你下注的賭金，輸跟贏的機率各佔50%，又假設你身上只有10,000元，你會選擇每次壓上多少賭金來進行遊戲？這是進行毀滅性風險最簡單的遊戲，相信應該沒有人會在第一次下手就重壓全部的賭金，因為只要輸一次就破產了，賭性比較堅強的人或許會選擇一次下注5,000元，但是如果連輸兩次也一樣會破產；比較保守的人也許會選擇每次下注100元、200元、300元與其他不等大小的金額，我們當然知道下注的賭金越大，贏回來的金額就越大，但是相對的，承受的毀滅性風險更大，破產的機率更高，而雖然下注的賭金小，贏的金額就小，但是毀滅性風險也小，一旦進行**長時間**的遊戲，誰能夠留在場上越久就可想而知了。

其實金融交易跟賭博一樣，是比誰在這市場中活越久並且贏走最多的金額，而不是每一次的交易或遊戲誰贏走的金額比較大，贏的金額大，不代表能夠贏的久，就像贏一次10,000元雖然和贏10次1,000元的結果一樣，但是一次1,000元可以承受輸十次的風險，10,000元的卻只可以承受一次，那麼輸一次的機率高，還是連續輸10次的機率高，我們很容易就能判斷出來。因此，當我們知道毀滅性風險的重要性時，我們就會嚴格的去分析每一次進行交易時所遭遇到的毀滅性風險會有多大，了解我們的毀滅性風險時，才有辦法進一步去調整我們所要承受的風險大小。

一個散戶的**成長**

調整部位大小

可能還是有許多人搞不太清楚毀滅性風險的定義，簡單來說，就是你能允許用多快的速度輸光你參與交易的錢。假設你有10,000元，如果一次輸500元，那你就能承受**連續虧損**20次，但是當一次輸1,000元的時候，你能承受連續虧損只剩下10次，這時候你就能看到你的毀滅性風險上升了1倍，如果是一次輸5000元的時候，那你能承受的連續虧損僅僅只有兩次，這樣的風險值就很容易用數字量化出來，5,000元的毀滅性風險是500元的10倍、1,000元的5倍。這很容易幫我們釐清一件事情，就是當你進場投資進行交易前，你能夠接受多大的虧損規模跟虧損幅度，當我們認清自己能夠忍受的最大虧損規模時，就能夠再進一步的調整所能承受的風險程度，而承受風險的程度，靠的就是調整我們進行投資的部位規模。

我利用上一個小節停損的例子來說明，假設我們利用本金100萬元來進行投資，依照我的7%停損法，當我們進行一次虧損時，本金會剩下93萬，93萬再進行一次虧損時會剩下86萬，而86萬再進行一次虧損時會剩下79萬，在進行連續虧損的操作中，我們除了會發現本金越來越少之外，每一次虧損的金額其實也越來越小，這是因為本金連續縮小造成虧損金額所致。掌握這個原則後，我們就可以利用調整投資部位的規模，來達到控制風險，並將損失控制在最小範圍。至於怎麼操作調整部位的規模，我利用部位的波動性N值來進行操作。

什麼是N值？又怎麼調整？我一樣用本金100萬的例子來做說明，我們將每次進行停損的基準當作部位的波動性，簡單來說，一

個7%的停損，就會對你的100萬本金造成7萬的虧損波動，若是一個10%的停損，就會對你的100萬本金造成10萬的虧損波動，這個虧損的波動值，我把他定義設為N值，也就是說，N值是您的**部位虧損值**。

如果我們對於N值不進行調整，那麼連續虧損3次之後，本金100萬會變成79萬，這是控制風險最原始的方法，我們可以來觀察看看最後的部位會變成怎樣。我們在原始控制風險的方法當中，連續3次虧損的時候，每次波動的N值約是7萬，3次虧損是3個N，約為21萬，也就是說，如果遭遇連續3次的停損，對於100萬的本金部位是虧損20%左右。接下來我們進行一項比較特殊的N值調整。

在我的使用方法當中，當我每進行一次N值的虧損時，我會將剩下來的本金再扣掉一個N值，以新扣掉一個N值的部位來進行投資。

例：

📇 經過第一次虧損後

原始方法：

100萬×7%＝7萬

剩餘本金為100萬－7萬＝**93萬**

調整N值後的新方法：

100萬×7%＝7萬

N值為7萬

剩餘本金為100萬－7萬＝93萬

（但是進行下一個投資的規模要減去一個N值，縮小投資規模，因為我們以拿掉了一個N值後的部位進行投資，也就是說拿掉一個7萬不做投資承受風險。）

下一次投資進行金額為93萬－7萬＝**86萬**

📠 經過第二次虧損後

93萬×7%＝7萬

剩餘本金為93萬－7萬＝**86萬**

調整N值後的新方法：

86萬×7%＝6萬

剩餘本金為86萬－6萬＝80萬

N值為6萬

（但是進行下一個投資的規模要減去一個N值，縮小投資規模，因為我們以拿掉了一個N值後的部位進行投資，也就是說拿掉一個6萬不做投資承受風險。）

下一次投資進行金額為80萬－6萬＝**74萬**

📠 經過第三次虧損後

86萬×7%＝6萬

剩餘本金為86萬－6萬＝**80萬**

調整N值後的新方法：

74萬×7%＝5萬

剩餘本金為74萬－5萬＝69萬

N值為5萬

（但是進行下一個投資的規模要減去一個N值，縮小投資規模，因為我們以拿掉了一個N值後的部位進行投資，也就是說拿掉一個5萬不做投資承受風險。）

下一次投資進行金額為69萬－5萬＝**64萬**

進行完三次連續停損後，大家一定會有疑問，為什麼調整完N值停損後的部位會比用原始停損的部位小，原始方法是80萬，而調整完N值的部位只有64萬？原因是新方法在我們三次停損時各拿掉一個N值，所以要將扣除掉的N值加回去，因此利用新方法調整的部位最後剩餘的本金應該是64萬＋7萬＋6萬＋5萬＝82萬，遭受的虧損也同樣變少。或許幾萬、幾十萬的部位會沒啥感覺，但若是幾百萬的時候，數字就會被放大，如此一來我們就發現，雖然都是用7%的停損方法，但是有調整過N值的部位，其曝險的風險性相對變小，況且我們是利用在「連續虧損」的前提之下做這些風險規避，當然我們也會有獲利的時候，縮小規模後的資金只要獲利一次，就可以用新的部位再調整所需的N值，才不會造成規模過小時，獲利力也相對跟著降低。

上述方法看起來好像挺複雜的，其實核心觀念很簡單，也就是說當我們拿一筆本金進行投資之後，如果遭受了虧損，一般人會將剩下的本金再進行投資，但是我認為，或許在本金小或幾萬元的迷你帳戶時，無論你用怎麼樣的停損法，其實都不會相差太遠，但是

一個散戶的**成長**

一旦你的本金超過300萬以上，甚至到達上千萬或上億的水準時，就會有一定程度的虧損會被放大而且數字不小，資金越大，承受的風險相對就會越來越高。我使用的N值調整法，就是希望能夠控制損失的放大，我的方法簡單說就是將每次受傷虧損後的本金縮小一個損失金額的部位，虧損多少，就將剩下來準備再進行投資的本金扣掉多少，以規避下一趟進行時假設再虧損的風險大小。

而扣下來的部位，一來是確定不會損失的部位，二來如果進行一次做對、有獲利的操作後就可以補回，才不會在真正有獲利的行情當中，因為前幾次的連續虧損，造成經過縮小的部位其獲利無法放大。我個人選擇使用這樣的方式進行風險控管，這是一個方法，至於適不適合每個人，我倒覺得大家可以根據不同的方式去進行個人的風險規避，因為每個人的操作方式跟風險承受度都不同，我提供的只是一個方法而已，有興趣對自己的部位做風險規避的人，可以以此方法為基礎，發展自己的處理方式。

風險控管 VS. 資金控管

最常被大家弄混淆的，就是資金控管跟風險控管，許多人認為做好資金分配就是資金控管，這是一個錯誤的觀念，也有人認為資金控管就是風險控管，我認為這也是錯誤的觀念。其實資金控管是歸納在風險控管裡頭的，因為你的資金控管會影響到資金分配，而資金分配本身就是一種風險，差別在於你所分配的資金，承擔的風險度不一樣而已，我認為風險的範疇很廣泛，光是談風險就談不完了。

其實風險的控管是一門學問也是一門藝術，過於輕率的風險控管容易造成無法彌補的錯誤，同時也容易使投資的部位暴露在過高的風險當中，哪怕每次都是獲利的情形之下，只要一次重大的虧損，就足以毀滅辛苦建立起來的成果；反過來說，過於嚴謹的風險控管雖然可以得到保護資本的最佳效果，但是相對的也會侷限住獲利的空間。風險控管本身並不是設計來保本用的，而是希望在追求資產獲利最大化的過程當中，讓風險與獲利可以達到一個最佳的平衡，因此風險控管應該在預設即將獲利的情況之下被設置，一旦預期的獲利情形沒發生時，風險控管就可以將損失鎖在一個我們已經預先規劃的空間裡面，這也是為什麼我們要做風險控管的原因。

但是當我們一直談到風險控管的時候，其實只是一種消極保護的方式，利用不同資產的組合去調整風險的大小，或是利用停損及其他方法保護部位不讓風險擴大，主要是要讓錯誤發生時能有最完善的保護，但是我一直先將風險擺在獲利之前，是因為我希望讓所有人知道一個觀念，這也是投資致富那個章節有提到的，那就是**「在金融操作中我們不能去控制能賺多少，但是絕對能控制只賠多少」**。能控制住賠錢的風險大小，就表示風險控管做得很好，而做得好、做得對的事就應該繼續保持，如同我大學時的物理化學老師有一段話讓我覺得蠻受用的：「化學在外人看來好像頗為複雜，但是大家有沒有想過，複雜的化學結構是由最基本的化學元素慢慢組成的，成年人最偉大的傑作就是喜歡把簡單的事情複雜化，這樣看起來比較能震懾別人，這叫假專業，騙騙外行的最有用，李遠哲為什麼拿諾貝爾化學獎，是因為他把複雜的東西簡化到讓很多人都看的懂在幹嘛，所以成就一項事業或學問也好，最重要的就是**複雜的東西簡單做，簡單的東西重複做！**」如果我們能將複雜的事情簡

化，然後有紀律的持之以恆去做，我們就比較容易成功。

　　此外，資金控管也是我認為在風險控管中蠻重要的一環，它應該跟風險控管一起談，而不是分開談，因為你的資金控管會影響資金分配，而資金分配又會影響你的資產配置，好的資金控管前置步驟應該先將風險攤開，先分析你準備進行投資的部分要承擔多少風險，然後下一步是決定在資金控管內要如何分配你的資金，因為先分配好資金之後，就可以根據你先前做的風險評估去進行資產的配置。舉例來說，假設你有100萬，但是你想控制最大損失在20%以內，那麼一些高槓桿的投資工具就會被你排除在外，因為你無法承受那麼高的風險，這樣就可以將你的投資標的進一步的過濾出來，也許是股票，也許是基金或債券、國外貨幣等等，再根據你對風險的控制進行資金分配，也許比較積極的投資人可以百分之百將資金全投進股票，也許有些人覺得持有資金百分之五十的股票對他而言是蠻高的比例，投多少錢進入什麼投資標的，比例怎麼分配，我想這都是學問。以我個人而言，若是小額資金，我會先進行百分之八十到百分之百的資金配置在股票上，不過前提是我已經擁有相對性的技術底子跟良好的風險控管和操作心態，否則一般初學者或是投資績效一直卡在一個瓶頸的人，我會建議先從資金的百分之五十下手，剩餘的固定投資一些基金或外幣等波動比較不那麼大的投資工具，由這百分之五十的資金開始做練習跟繳學費。股市其實是蠻容易也蠻困難的一個市場，一定都要先經過一些學習才能開始有效的進行突破，一個人不可能第一次騎腳踏車就成功，一定要多試幾次，等練習的次數夠多了，才比較容易成功，投資也是這樣，3P絕

對是成功的基石，Practice、Practice、Practice，練習的經驗多了，自然能力也就同時出現。

當你的資金開始有100萬到300萬上下時，我給的資金配置的有兩套，一套是有技術之後又能控制自己又想增進獲利速度的，可以採6、2、2的資金分配，60%的資金持有基本現股，20%可以進行融資或是操作衍生性的金融商品（而這20%如果是操作衍生性金融商品，另外要分配成最多50%的衍生性部位和50%的多餘保證金部位以防突發狀態，也就是1：1的最小限度），最後剩下的20%資金當作是緊急預備金，以防突發意外發生時準備拿錢放人用的。至於比較保守的一般投資人，我會建議用5、3、2的資金配置，50%的資金投入持有現股，而30%的資金轉進基金、債券或是比較強勢的外國貨幣，最後也是剩下20%的現金當緊急預備金。

我很強調「緊急預備金」，無論你有沒有操作衍生性部位或融資部位，都應該要有這樣的觀念，它能幫助你在遇到像319總統槍擊案那樣的系統風險，部位被卡住陷入流動性風險時，還能保有客觀跟清醒的理智去規劃、處理你的部位，像是應該加碼買進，還是補足即將斷頭的融資保證金，更或許可以讓你在急需用錢的時候，不用掙扎的決定是不是要賣掉正在飆漲的股票。我很清楚破產長什麼樣，我過去也在投資過程中歸零過幾次，所以我不希望讀者們也體驗這樣的痛苦，我將過去的經驗跟自己覺得最舒服的投資資產配置比例告訴大家，這些比例是我在能夠逮到機會將獲利放到最大時所試過的，但是不見得你也需要照這樣的方式進行，你可以根據你的實際需求去做調整，這點我覺得十分重要。

　　風險控管跟資金控管是一體的，兩者之間的差別應該搞清楚，你也才能用比較正確的態度去看待你的投資。我喜歡將一些東西白話說明，不然一堆人一天到晚老是強調所謂的「心態」或是「資金控管」，都是一些讓人不清楚是什麼的東西，如果沒能很準確的表達出來，那麼我想實際收到的效果也有限。我必須再強調一下，風險控管也好，資金控管也好，都應該把它當作一種藝術，不用太死板板的做，當你能夠用一種比較超然、跳脫自己的方式，去看待自己所做的一連串投資，你會發現，你也正在建構一個屬於自己的投資方式，而不用一天到晚尋求明牌、尋求大師，你自己就是你的明牌、你的投資大師，我想這是每個投資人都要有的體認。

投資興櫃市場
的二三事提醒與分享

⇨ 投資者的新樂園

　　前面提了很多的心法跟一個成功交易者的重點，這個篇幅我想對一個比較特別的市場做一個心得與經驗上的分享。2002年開始，我開始注意到所謂的興櫃股票市場，發現裡頭隱藏許多不對稱的「資訊財」，經過3年，我明白且深刻的知道，投資，是可行的，不用投機。03年起，我看好從事LCD相關零組件的威力盟電子，告訴身旁很多親友請他們進場投資，05年7月初趁著要上櫃前在興櫃市場開始關注28元到35附近的樺晟，這兩支股票到後來上市櫃之後，給我的衝擊不僅僅只是優異的表現，更重要的是，我得到所謂投資上真正的寧靜。

　　幾年前，我在期貨與公開市場中浮浮沈沈，追求技術分析的極致，到頭來，錢沒賺到多少，手續費倒繳了不少。2005年那一波5600多點上來，我只賺到最低點附近的200多點，後面的卻看的到吃不到，為什麼？

　　因為自以為是股神，技術很好，像可以閉眼開車，台語說的「騷（ㄏㄧㄠ）屁股」，衝來衝去的結果不是大賺特賺，而是幫政府和券商打了工，白繳了許多的交易稅與手續費。當你辛苦的在市場裡勞心勞力，心力交瘁的認為自己可以大撈一筆，可是事實卻與心裡所想的相反時，那種衝擊可想而知，之後5800點以上我就沒在進場過了，一來是沈澱自己，二來是有些興櫃股票要上櫃了，我可以

好好研究，享受一下投資的樂趣，而不是殺進殺出的快感，畢竟股票是做賺錢的，不是做「爽」的。

先說說我的投資心情，認識興櫃的市場快3年的時間，我深刻的體驗到真正所謂的投資，這裡沒有艱深的價量關係，沒有技術指標，沒有K線型態(如果你硬用一些特殊的看盤軟體，那當然就有)，有的是最原始的股票三大需求：

1. **價格**
2. **買賣雙方的議價成交張數**
3. 「時間」

其中最重要的是「時間」這個因子，我常跟朋友笑稱在興櫃買到的股票賺的是「時間財」，挑對寶，給夠長的時間，將會有最大化的相對報酬，只是一般大眾在股市裡滾久了，常忘了自己是進來投資的，弄到後來都變得有點本末倒置了。

投資其實很簡單，也很難，簡單的是「買進」然後「持有」，直到你失去繼續持有的理由，困難在於你面對的是公司，是最原始的屏障，少了投資過程的雜音，有的只剩下財報，及對產業的眼光與自己的信心對峙。

一個投資人要做到寧靜投資老實說很困難，尤其是獨排眾議、專心對最原始的資料做分析，這過程我只能說很痛苦。德國股神科斯托蘭尼說的對，「股票，賺的都是等來的痛苦錢！」，但其實高風險相對帶來的通常就是高利潤不是嗎？要想賺到股市裡的豐厚利潤，有時候是需要比一般人有更高的挫折忍耐力。

　　在興櫃市場中，一張一張或是只能少量收購的過程或許是痛苦的，議價的過程也不見得都是那麼順利，有時還得等上一陣子才能有心裡要的價格出現，但是一旦進入收割的程序時，我只能用「興奮」來形容我的心情，畢竟，這裡面的投資報酬遠比殺進殺出的過程要高上幾十倍。

　　有時我對某些投資人的投資習慣感到訝異，財報基本的四大報表是哪四大、毛利怎麼算、純益怎麼算、盈餘、公積……等等一些較簡單的入門之道都不會，財務報表是進入投資世界最基礎到不行的入門磚，很多人不好好的將這入門磚一層一層的疊好，反而還沒學走就開始想要會飛了，講句難聽的，「活該你輸錢！」。當然，我也不是說要每戰必勝，如果有超過70%以上的持股有最大報酬，我就覺得夠了，剩下的就當花錢學一些買不到的寶貴經驗，這樣長時間下來，獲得的報酬率也是很可觀的。我舉個我之前的例子，像在興櫃一家「錸Ｘ」做顯示器的爛公司就是我分析失敗的代表作，在在證明，好的技術也要有好的經營團隊跟誠信正派的公司。

　　在我分析建議人家買入這家公司之後，我朋友告訴我，聽說經營者高層的兒子如何在美國過奢華糜爛的生活，如何把母公司的錢一直搬到美國去，當時我多方查證事實與其財務狀況，發現的確有些問題，於是我便開始建議將從12－18元收購的錸Ｘ，全部出清在8元附近。這一仗我認輸得徹底，從此樹立我個人的投資準則，也提高對企業經營者品德的要求　。

一個散戶的**成長**

🔳 資訊與投資來自生活的細微

再來說說我的投資哲學，我從國中開始習慣閱讀商業週刊至今N個年頭，堆起來的雜誌有上百本，我想商週可以頒個忠實用戶的獎狀給我，慢慢的又開始閱讀今週刊跟數位時代，偶爾還插花看一下智富SMART。我鮮少對雜誌上推薦的股票提起很高的興趣或是投資，因為會容易讓你看到的消息，通常也已經不是第一手消息，我反而習慣去做大量收集資料的動作，同時也努力吸收雜誌上的科技新知並長時間追蹤有潛力的公司，儘管有些公司甚至未上市上櫃或未公開發行。

重點是，一個新科技後面點出來的龐大商機，舉例來說，聯電轉投資的一家IC設計公司「X發」，目前尚未上市上櫃，也沒有在未上市市場中，這是由四個史丹佛電機博士所領軍的小團隊，其所開發出來的LCD調幅數位訊號解碼晶片設計，專解高速下的數位訊號，目前測速過程中可達行駛100公里而不斷訊。若由點來看，這似乎只是平凡的LCD訊號晶片而已，但由我的面來看產品線，卻可以涵蓋到CAR TV上與所有PMP的設備，未來說不定可以進一步的進入到手持設備或手機，將來在手機裡看清晰的數位電視訊號就不是夢，那麼，這樣的格局中產生的企業能量爆發性就很充足，這樣的公司就值得以長時間規劃並追蹤相關產業，靜待投資時機的到來。這是我強迫自己在面對新的技術或科技後，吸收新知做分析的最低程度，多一點聯想，世界會更好。

再來，對一些特別的技術名詞至少有一個粗略的印象，像是民國94年還在興櫃中的南電（8046）所做的是BGA的電路基板，什麼

是BGA的封測製程？先去了解這技術大概的來龍去脈，不要求你懂這技術到底在幹嘛，但是至少要有初步的了解，這樣的技術在市場是不是先鋒？能不能有最棒的經營跟獲利？就像我們不必知道保時捷跑車裡的碟煞是幾活塞卡箝，但是一定要知道比較多的活塞數，卡箝能力越強，緊急煞車時也會夾得越緊，讓煞車時間更短。初步先通盤的去多做接觸瞭解，再檢視一下基本面，就大概能知道為什麼只是個封測股，卻會有200元高得離譜的股價了。相對的，你甚至可以挖出在相同製程中有潛力的、比較低價的公司去做分析跟投資，並將之列入你的投資觀察名單裡面。

常有人問我，這些資訊跟資料哪裡找？我想，Google大神是搜尋界裡的王，key上去慢慢過濾你要的資料，任何人都有權也應該去膜拜一下，特別是當你有疑問要解決的時候，他絕對是最好的朋友、最佳的利器，。

「可是我不會電腦啊，況且這些東西我怎麼可能會懂？」，這種回答我最常聽見，好笑，那你不知道背光模組有哪些元件組成，怎麼還敢買輔祥、中光電這些公司？難道你會知道中光電的背光模組開哪些模具，規格尺寸多少？不可能嘛！但你卻還是照買這些股票。當你說這些令人覺得沒什麼sense的話時，我可以很誠懇的建議你，去看報紙找明牌就好了，這些「暴利」自然會有一批懂的人先來幫你賺，如果這些東西是那麼簡單的話，還輪的到你來賺嗎？

其次，培養對周遭科技與生活進化的過程中所能得到的投資資訊，這點沒人能幫你，靠的都是自己留心觀察，彼得‧林區也說過，他靠的是別人在日常生活中忽略的小事，才能獲得打10幾壘打

的機會。想想你現在所擁有的高科技，未來可能如何變形？如何延伸？如同較大尺寸的LCD其單獨攜帶的可能性，與輕薄短小的極致。

比方說，目前三星研發的7吋可彎曲液晶軟板，其將來實體商品化的可能性，如果量產了，如何運用在個人的生活上？或是可彎曲的LCD面板所需要的高分子材料誰在做、什麼公司……等等，這都是可被努力參考的一件事，不要忘了，那些大企業的老闆或許已經在想20年後的產業了。

像我弟在以前學校的研討會中，廣X電腦喊的所有DT(Desk Top：桌上型電腦)濃縮成5張A4計畫，已經在做實驗性的計畫了，我相信一定很多人不知道，也不會知道，因為這是廠商未來的前景，未來公司生存的命脈，一般人不需要、也不可能知道，這就是很現實的不對稱財，因為少數人掌握到關鍵的資訊，並賺走大量的金錢。想想看，不用功的你，是被賺走的那一群？還是在賺別人的那一群？

最後我要強調的仍舊是財務報表，坊間已經很多書商有出版教讀報表的書，都很生動活潑不會那麼死板了，你還不買來努力K一下，順便體檢一下你手中公司的財務體質，最起碼這是將風險降到最低的最低要求。

最後的最後，讓我對興櫃市場做個整理，「興櫃」被我戲謔的稱呼為棒球術語中的「Bull Pen」(牛棚)，是做為上市櫃前的練投區、暖身區，這也是為什麼我喜歡叫人投資興櫃的公司而不去投

資未上市的公司，主要就是因為「風險」，有政府監督的都會出事了，更何況是不受政府監督的。

我們在興櫃市場裡是為了找出下一個市場的潛力新秀，進而去「投資」，因為興櫃市場欠流動性，大量的收購是買公司的未來，而不是股價短線波動的價差，我們要的價差，在上市櫃後若有良好的表現就會自動體現出來，如幾年前的益通光電。

所以先搞清楚你的投資型態跟資金的配置運用，再來選擇你要主戰的市場。基本上，轉戰興櫃市場，比的就是資金的氣長，與投資基本功的紮實度，任何的技術分析跟籌碼分析完全無用，你第一線面對的，只有三個，數據、數據、數據（模仿張國志丟筆……），因為你不是大股東，所以所有的資訊你都必須量化、吸收！正所謂「好的公司帶你上天堂，不好的公司帶你住套房！」

▶ 基本財務分析的重點

接著，我還是必須老生常談的再談一次，就是「財務報表」！這是你能最直接檢視一家公司最重要的工具與武器了，我不懂為何很多人不先拿武器，就要上場跟敵人近身肉搏？是因為追求第一線近身肉搏的樂趣嗎？基本上，財務報表我只看幾個重點：

第一點，公司要上市櫃是為取得資金以擴大公司的營運，所以他的長期債務跟短期債務勢必先經過銀行團、政府還有券商初步合格，才有辦法待在興櫃市場，所以我第一步都是先掃長期跟短期負債是不是過份離譜，沒有的話就可以快速帶過，因為這不是最重要

的。相反的，如果這一步就出問題了，那就可以不用再看下去了，基本上債務比不要超過50%以上，不然對於急需營運資金的成長公司是很危險的！

第二點，流動比跟速動比要注意一下，公司有越多資金可供調配運用，就越不會在短期的危機中滅頂，資金動能越充足，對正在成長的公司來說都是一件好事，不過這個部分也輔助用就好，不用太鑽營，不然會抓龜走鱉！

第三點，是最核心的部分，也是要一個一個細項慢慢看的，就是損益表，這是一家公司命脈最核心的關鍵之處，也就是大家最關心的營收成長的部分。我先說明我個人在看損益表的時候，有一個小潔癖的習慣，通常在損益表中有2個項目，就是「存貨」跟「應收帳款」，我會從資產負債表中拿來在營業利益中做假性扣除（假性扣除的意思就是說，假如今天公司突然被客戶倒債了，造成應收帳款收不回來，或是公司收款能力低、客戶積欠貨款，甚至是存貨遭受天災人禍等不可抗拒之因素，而造成無法銷售或客戶退貨不買了，那麼公司還有多少的現金或資產可以緊急應付這些情形，先預做扣除，看看公司有沒有可能發生財務危機），基本上我將這兩個項目從資產的地方扣除，一律當作負債，這樣會讓我的辨識率提高很多！我就曾經用這一點，順利幫我親戚在94年8月在60元附近順利逃頂，避開某家公司(615X的禾X)。當初這家公司就是在應收帳款這邊高得離譜，跟同業比起來真的相差太多，也跟整個公司的營運狀況相差懸殊，果不其然在幾週之後爆發財務危機，股價在短短的時間內將近腰斬，連投信也套住，損失慘重，所以當初那一趟交易我很有感觸，心得也很多。

　　然後我會追蹤最近3年以來的營運成績，跟最近四季的盈餘表現，最重要的是，我最後算出來的營業利益，是不計算業外收益的最後成果。我自己認為這樣的方式比較不容易失真，比較能夠表現出公司在本業上真實創造出來的成長動能。這是我個人的習慣，不代表大家就一定得這樣做，我只是提供另一種思考的角度供大家參考。

　　有興趣的朋友可以挑一些公司最後的營業利益，扣一下業外投資的部分，你會發現有些公司的業績是用「灌」的，像宏碁也會不定期的在業績差的時候，賣一些集團旗下公司的股票，灌水帳面上的獲利美化報表，這也是某些公司常用的手法，不信的話你可以攤一下宏碁近5年來的報表，觀察一下內容！

　　基本上，財務報表做到這邊已經沒幾人能順利做完了，可是這都還是最最基本的，如果你都不做，賠錢就麥怨嘆！至於更細部的部分，就看每人focus的點在哪，自己去做專精的部分！

　　還有一項也很重要，就是分析產業及循環，如果你想投資的行業已有一些已經在公開發行市場的公司了，我建議你先抓他們的K線出來分析一下其大概的產業循環模式，例如大概都在幾月落底、業績哪一些月份特讚，順便比較一下你選的公司經營團隊跟其他公司的長、短之處，你就能對這個產業的循環比較有概念，不這樣做的話，除非在裡頭工作，不然你怎麼知道產業循環？憑空就能知道的就比較畫山畫水一點。

一個散戶的成長

📠 生活多點想像

再來就是面對產業時，你要能有推理的邏輯思考，最好加一點想像，簡單說就是要能作夢，或是你投資的產業能引起大家作夢的能力。舉例來說，之前大家熱炒GPS，我就覺得很愚昧，這時我反而能比較冷靜的看待這個行業，畢竟GPS現在在個人使用跟汽車產業的普及率還不是那麼高，或許未來變成汽車的標準配備時，就能有夠大的市場，不過我因此藉這樣的機會，專注在一些研發RFID無線射頻公司的爆發能量，機器光只有GPS的時候只能標示位置，並不能再多提供其他的資訊，但是RFID無線射頻的技術卻能將產品的資訊特性藉由特定機器讀取獲得，像台北市所使用的悠遊卡就是RFID無線射頻的技術，還有很多相關的產品也都是RFID的涵蓋範圍。

想像一下，如果我是流通業的老闆，而我的貨品採用RFID無線射頻的電子標籤，我能利用機器掃瞄就知道貨品內容跟產品資訊，貨物送上運輸工具時，在整批的出貨品上再加上GPS全球衛星定位系統的發訊器，那麼我只要利用網路進行遠端的GPS接收訊號，客戶也能第一手掌握貨品流向，更可以知道這批在某處的貨品是什麼內容，也不怕貨品在哪裡不見或是被偷走、掉包。

我覺得這就為GPS的產業打開新局，重點是未來能不能普及化、大量化與大眾化。你要知道，RFID所使用的的TAG（電子標籤），是一張一張的賣，像悠遊卡一樣，不像GPS是一個一個賣，RFID的製造成本也比GPS低很多，未來如果還能進一步的使用在飛機行李箱的分類跟標示，或是大賣場的所有架上貨品，那商機不可謂不大啊！

▶ 資訊的收集與更新

接著談談關於資訊的蒐集、更新與淘汰。先說說我的習慣，在前面一段我也說過了，我從國中開始習慣閱讀商業週刊至今N個年頭，堆起來的雜誌有上百本，接著又開始接觸今週刊、數位時代，偶而插花看一下智富SMART，不過我從不看雜誌上推薦的股票，而且我做大量收集資料的動作，並努力吸收科技新知與有潛力的公司，對其做長時間追蹤。

像前一陣子網路上某位網友問我有關達方、達信、達虹的公司，當時我一看是彩色濾光片跟偏光膜和背光模組，我就叫他捨棄了，因為現在這個產業競爭太大，加上原本我看好的公司「劍度」被某些集團收購了，所以我不建議購入這幾家公司，可是當我後來在商週957期中第66頁的第4段看到，原來當初明基吃掉的劍度改名叫「達虹」時，我馬上就知道我的看法要修正了。我知道我的資訊連結上出了一點問題，重點是良率又從原本的60幾趴升到90%以上，這又比當初我觀察時的爆發力更強，而且是少數有獲利的公司，營業利益有爆炸性成長的就會吸引我的眼光，像這樣的公司就值得我再重新檢視跟觀察，而且廠房在威力盟附近，是我開車經過中山高時也容易繞下去觀察一下的公司。

看東西要看到細微之處，哪些字是你要仔仔細細的慢慢看，哪些又是你要快速翻過去忽略的，我覺得大家需要培養的是對資訊的敏銳度。書，多看只有好處沒壞處，除非你看的是亂七八糟的雜書，而且如果有多方吸收新知識跟新資訊，差別真的很大！

　　最後關於買賣點的部分，之前我有先提過了，興櫃是投資，不是投機，買賣的點你可以參照產業循環的低點多少揀一些，像是電子業的5、6、7三個淡季月份，然後向你的營業員詢價一下過去3個月來在興櫃中的高低價，並依照基本面的分析做為你買賣點位的參考，再去辨別一下現在的價位是否偏高或偏低。

　　基本上我已經將大部分在興櫃投資的要點向大家講解得很清楚了，應該不會太難懂，相信對興櫃投資多少有點興趣的人會有些幫助，不然這篇這麼長的文章也就失去意義了。

　　以上都是我個人在投資或觀察興櫃前必做的功課，每個人都會有其獨特的分析與解讀方式，怎樣找出適合你的方式並將之吸收變成自己的，我想就非常重要，也許在你的投資名單中，就有下一個像益通光電這樣的明日之星，而這也是投資興櫃最大的樂趣之一。

第二篇（離）
基本分析

為何要分析市場漲跌
先學會如何逃脫
市場何時復甦
最重要的基本面
何時買進基本面最棒的股票

為何要分析市場漲跌

上個單元我們介紹了一些比較重要的基本面，這個單元我們來談談一些更重要的東西。相信很多人投入股市之後，會認為基本面就是所謂的財務報表，但是我認為，基本面不應該只包含財務報表而已，分析整體市場的漲或跌也是一件很重要的事，這也應該是基礎分析的一環，同時在我的認知觀察裏，我認為基本面應該是架構在整體基本環境上，而不單純只是分析財務報表，因為再好的基本面、再好的財務報表，也都需要經過環境嚴苛的考驗，因此，檢視基本的財務報表應該是建立在某個基準上，當然，財務報表是屬於持續性、長效性的，我們分析財務報表必須持續的一直觀察，因為夠長的取樣時間，可以幫助我們提前在環境變化之前，先掌握到一些細微的條件。但是，財務報表只是一種輔佐的功能，並不能完全以財務報表為所有分析的依據，適時加進一些條件是非常重要的，而這個條件，就是本章節要談的，分析整體環境，也就是分析大盤漲跌。

為什麼我們要分析大盤漲跌？因為我們知道當大盤進行一段長時間的上漲之後，由於整體市場已經沒有買方，買方力道已經衰竭，當市場缺乏買方繼續承接時，表示市場的上升動能消失了，一旦市場上升的動能消失，就表示市場的最高點即將來臨。而市場最高點出現，即將反轉向下時，我們可以知道，你手頭上的多檔股票80%都會跟著下跌，不管他們曾經表現得多麼優異，或曾經是帶領市場的指標，因為一旦整體市場發生反轉，任何再棒的股票，也都會因為環境的改變而走向下跌的命運。

在談任何分析大盤的技術之前,我想先向大家解說「大盤」是什麼東西。我相信很多人都聽過所謂的「大盤」或是「加權指數」,也常看電視或報章媒體說明今天的大盤走勢、加權指數如何如何,但是卻不一定知道這些股票術語所代表的真正涵義。簡單說,很多人學東西都只是學一些皮毛,相關的知識都是東拼西湊、這邊聽聽那邊聽聽,再加上過去幾年所堆積出來的零散經驗,因此我不認為大部分的人會知道大盤或加權指數是什麼東西,所以在我分析大盤之前,我必須先替大家帶來一些大盤的基本觀念。

臺灣證券交易所發行量加權股價指數

我們在股票市場中常說的「大盤」或者是「加權指數」,指的就是由臺灣證券交易所編撰的「發行量加權股價指數」,全名叫做「台灣證券交易所發行量加權股價指數」,本系列指數包括「臺灣證券交易所發行量加權股價指數」、「臺灣證券交易所未含金融保險股發行量加權股價指數」、「臺灣證券交易所未含電子股發行量加權股價指數」、「臺灣證券交易所未含金融電子股發行量加權股價指數」、「臺灣證券交易所XX類發行量加權股價指數」等,均以發行股數加權來計算,以下我將列出由證券交易所提供的股價指數的計算基期,還有股價指數編撰的方法,這部分有點枯燥,但是你還是得學,因為打好基礎是進階的第一步。

基期與樣本

一、臺灣證券交易所發行量加權股價指數(TAIEX)

1. 基期：
   民國55年平均數為基期，基期指數設定為100。

2. 樣本：
   納入採樣樣本為所有掛牌交易的普通股，並依下列情況處理：

   (1) 新上市公司股票在上市滿一個日曆月的次月第一個營業日納入樣本，如6月份上市則8月1日列入樣本。但已上市公司轉型為金融控股公司及上櫃轉上市公司，則於上市當日即納入採樣。

   (2) 暫停買賣股票在恢復普通交易滿一個日曆月的次月第一個營業日納入樣本，但因公司分割辦理減資換發新股而停止買賣的股票，新股恢復買賣當日即納入樣本。

   (3) 全額交割股不納入樣本，恢復普通交易當日，即納入樣本。

二、未含金融保險股發行量加權股價指數

1. 基期：民國55年平均數為基期，基期指數設定為100。
2. 樣本：除了金融保險類外之股票，採樣標準與發行量加權股價指數相同。

三、未含電子股發行量加權股價指數

1. 基期：
   民國88年12月28日為基期，基期指數設定為8448.84(即基期當日收盤之發行量加權股價指數)。

2. 樣本：

除了電子類外之股票，採樣標準與發行量加權股價指數相同。

四、未含金融電子股發行量加權股價指數(民國94年3月1日起發布)

1. 基期：

民國92年12月31日為基期，基期指數設定為5890.69(即基期當日收盤之發行量加權股價指數)。

2. 樣本：

除了金融保險類及電子類外之股票，採樣標準與發行量加權股價指數相同。

五、產業分類股價指數：

分成水泥類、食品類、塑膠類、紡織纖維類、電機機械類、電器電纜類、化學生技醫療類、化學類、生技醫療類、玻璃陶瓷類、造紙類、鋼鐵類、橡膠類、汽車類、電子類、營造建材類、航運類、觀光類、金融保險類、百貨貿易類、綜合類、油電燃氣類、其他類、水泥窯製類、塑膠化工類、機電類以及原電子類所細分之半導體類、電腦及週邊設備類、光電類、通信網路類、電子零組件類、電子通路類、資訊服務類、其他電子類等共34種產業分類股價指數。

1. 基期：

食品類、紡織纖維類、造紙類、營造建材類、金融保險類、水泥窯製類、塑膠化工類、機電類等8種以民國75年12月29日為基期，基期指數設定為100，半導體等8種電子

類、化學類、生技醫療類及油電燃氣類等11種以96年6月29日為基期，基期指數設定為100，其餘產業分類股價指數以民國83年12月31日為基期，基期指數設定為100。

2. 樣本：

採樣標準與發行量加權股價指數相同，分類方式除水泥窯製類包括水泥工業和玻璃陶瓷業；塑膠化工類包含塑膠工業、化學工業、橡膠工業；機電類包含電機機械業、電器電纜業、電子工業，其餘產業分類股價指數均按臺灣證券交易所之上市產業分類。

🔳 編算方法：

無論是發行量加權股價指數、未含金融保險股發行量加權股價指數、未含電子股發行量加權股價指數、未含金融電子股發行量加權股價指數、各產業分類股價指數，都以樣本中各股票的發行股數當作其股價的權數來計算指數，其計算公式為：

發行量加權股價指數＝(當期總發行市值／基值)×基期指數

在基期，基值即為基期的總發行市值(如：發行量加權股價指數基值為55年的各股平均市價乘以各股在55年底的發行量)。爾後若有樣本異動或現金增資除權等情況發生時，則基值隨之調整，以維持指數的連續性。總發行市值為樣本中各股股價與其發行股數之乘積的總和。茲舉例說明編算發行量加權股價指數的方法：

假設發行量加權股價指數和股價平均數皆以甲、乙、丙、丁四種股票為採樣股票。基期時股價分別為20、30、40、50元，發

行股數為5、2、6、2千萬股，則基期之市值總和為$(20\times5)+(30\times2)+(40\times6)+(50\times2)=500$千萬元，基期時之發行量加權股價指數為

$$500 / 500 \times 100 = 100$$

在某年月日，四種股票的發行股數未變，股價分別為40、50、50、100元，則該年月日的發行量加權股價指數為

$$[(40\times5)+(50\times2)+(50\times6)+(100\times2)] / 500 \times 100 = 160$$

▣ 調整基值

採樣股票異動或增資除權時，當期總發行市值或各股股價總和都會變動，因而會影響到股價指數和股價平均數。為了避免這種非經由市場交易的因素，對股價指數或股價平均數造成影響，以致發生斷層現象，因此必須調整基值，以維持指數的連續。

發行量加權股價指數的調整時機：

1. 新增或剔除採樣股票異動日。
2. 現金增資認購普通股的除權交易日。
3. 員工紅利轉增資除權交易日。
4. 特別股無償配發普通股除權交易日。
5. 上市公司持有未辦理減資註銷庫藏股除權交易日。
6. 公司依法註銷股份，辦理減資，經本公司公告後之除權交易日或次月第三個營業日，並以較先者為準。
7. 收到現金增資募集失敗之通知後，次月第三個營業日將發行股數復原。

8. 公司合併後，增資股或新股權利證書上市日。

9. 轉換公司債轉換的債券換股權證換發為普通股的上市日。

10. 上市公司發行之轉換公司債直接換發為普通股或附認股權有價證券認購而發行之普通股，俟其除權交易日或其辦理資本額變更登記經本公司公告後次月第三個營業日。

11. 股東放棄認購而採公開承銷之現金增資股票或股款繳納憑證上市日。

12. 為海外存託憑證而發行的新股上市日。

13. 可轉換特別股轉換為普通股的上市日。

14. 其他非市場交易而影響總發行市值的因素。

調整公式為：

新基值＝舊基值×異動後總發行市值／異動前總發行市值

茲舉例說明調整基值的方法：

續上例，假定甲、乙、丙、丁四種股票在異動前的股價分別為40、50、50、100元，發行量分別為5、2、6、2千萬股，發行量加權股價指數為160。現將丁股票從樣本中剔除，並加入股價70元、發行股數4千萬股的戊股票。

採樣股票異動前市值總和為800千萬元，異動後市值總和為

$$(40 \times 5) + (50 \times 2) + (50 \times 6) + (70 \times 4) = 880千萬元$$

發行量加權股價指數的舊基值為500千萬元，其異動後的新基值為

$$500 \times 880 / 800 = 550千萬元$$

根據新基值和異動後市值總和所計算出的指數，會與根據舊基值和異動前市值總和所計算出的指數相同，均為160，亦即

$$880 / 550 \times 100 = 160$$

若異動後，甲、乙、丙、戊四種股票經交易後產生的新價格為42、51、52、69元，則該日發行量加權股價指數為

$$[(42 \times 5) + (51 \times 2) + (52 \times 6) + (69 \times 4)] / 550 \times 100 = 163.64$$

上述有關加權指數部份，我相信絕大部份的人應該都是有看沒有懂，其實簡單來說，所謂的加權指數，只是一種權重的分配而已，我們在國中、高中甚至是大學聯考當中，有些分數的計算其實用的也是一些加權的方法，利用加權方法是為了要使分數能夠分配均勻，讓重要的分數佔比較重的比例，而比較不那麼重要的分數則反之，這樣比較能把真實的狀況反映出來。

因此，在股票市場的加權指數用的也是這樣的方法。我們都知道在股票當中，有些股票的市值佔整個股票市場很重要的一部份，比方像是台積電、聯電這樣大型的股票，由於其所佔的市值很大，所以他們的上漲跟下跌對市場的影響性都很大，而這樣的股票是市場的指標股也是龍頭，相對在股票的加權指數中就會佔有一定重要的地位，所以，當某家公司的股份越多，佔整體市場的市值越大，就越能夠影響加權指數。因為加權指數是利用每一檔股票的市值占整體市場市值的比例下去做計算的，我們可以知道加權指數代表的

就是整體市場當中，最能夠影響市場走勢，以及是各個行業帶頭的指標與最具代表性的龍頭股，同時也代表著整個台灣最重要的公司，更是台灣景氣的先行指標，這就是為什麼在進行投資前，必須要在意加權指數，這些領頭的公司，代表了未來台灣的經濟好壞，人家說股市是經濟的櫥窗，說的就是這個道理。一旦領頭的股票從谷底漸漸反轉攀升，那大部分的公司也會因為景氣的復甦而有表現的機會，加上若是調整好久的空頭景氣循環結束，那麼一生中只要能逮到幾次這樣的好機會，雖不能成就巨富，但離大富也不遠矣。

而我們在進行投資時看加權指數，是為了幫助我們了解目前所處的環境是什麼樣的位置，是景氣要由好轉壞呢？還是要由壞轉好？只要我們弄清楚這些東西，就能夠在投資上做比較準確地判斷，進而提高投資的準確率，在景氣好的時候加速財富的累積，在景氣不好的時候適時抽回部位，保護我們的資本。

這也就是為什麼我認為基本面不該只強調財務分析，而要進一步的去強調判斷市場的趨勢，因為從財務報表裡面，我們只能看到一家公司的本質與歷史軌跡，換言之就是過去的成長歷史，卻不能保證公司未來的發展，就像是一路從小學念到台大都是明星學校，不見得就能夠保證未來的成就，很多共同基金的廣告跟公開說明書警語也都寫著：「本基金過去績效，不代表未來獲利保證」。投資股市基本上是投資未來，如果我們可以掌握到市場的趨勢走向，那我們對未來的判斷跟預測的準確性就能大大提高，而加權指數就是我們作為未來預期行情的最佳工具。

在股票市場當中，許多人嘗試利用各種不同的經濟指標或者是景氣循環指標來預測市場，但是我從沒有看過哪個人是真正利用這些指標成功的，因為市場總是領先反映經濟，是市場在引導經濟，而非經濟引導市場，市場才是真正的主人，所以我們必須要學會聆聽市場的語言，才可能在股市投資中取得勝利。然而分析市場絕不是一天兩天的事，如果我們希望我們出手能夠精準，那就得花點時間在專注的事物上，也就是市場走勢。

大家都知道台灣之光王建民在登上大聯盟洋基隊的投手板之前，在小聯盟已苦蹲多年，經過日復一日、年復一年持續不斷的練習，並且找到好的教練與好的指導員，利用其本身打下的深厚基礎，快速的成長，才有今天的地位。當我們在羨慕別人的成功之前，先問自己究竟下了多少苦工？做了多少努力？然後才有資格問應該會有多少的收穫。很多人認為投資很簡單，不用做太多的功課便能夠達到成功，我認為這是錯誤的觀念，如果投資股市那麼容易成功，那為什麼那麼多聰明的人還是在裡面賠了大錢？股票市場絕對不是個不用付出就可以有收穫的地方，要想了解真正的市場趨勢走向，唯有天天分析、天天記錄，才有可能邁向成功之路，千萬不要以為別人可以幫你完成這些東西，因為只有你每天不斷的練習，這些東西才有可能真正變成你的，所以請透過市場來學習，精確的解讀你每天所看到的實際走勢。

▨ 判斷大盤趨勢走向

在開始分析大盤之前，我們需要借助一些工具，而技術分析圖表就可以幫助我們來完成一些工作。在這裡我們使用的技術分析

是最簡單的K線圖與成交量，我不希望運用複雜的工具來完成一些簡單的工作，那是本末倒置的一件事情，而運用技術分析來幫我們做股票的體檢，就有點像是醫生幫病人檢查身體時利用的X光，一些簡單圖表可以幫助我們在短時間內觀察一些我們必須要注意的東西，這也是為什麼我們必須學習一些簡單的技術分析，因為那可以幫我們省去大量的時間，協助我們在短時間內發現一些問題的癥結點。利用「圖形」的方式去解決過多的文字敘述或複雜的統計數據，會比較容易讓人吸收與體會，因此技術分析雖然不一定能幫助我們賺到大錢，但是絕對可以輔佐我們去進行一些過濾及分析。在分析大盤這個章節裡，我會利用到的技術分析只有K線圖跟成交量，因為我希望給讀者的是一個簡單的東西，並且容易進行判斷，即使你今天手上沒有任何工具，也可以利用報紙的財經版進行分析，這樣隨手可得的工具，才是我想傳達給大家的。

市場的趨勢不論是向上或向下，我們該注意的不應該只有價格的變動，更重要的是每天的成交量。我們應該觀察每天的成交量與前一天或者是前些日子的變動，是增加或是下降，因為成交量代表市場當中真實的買賣變化，而這些變化就會把買賣雙方的力量表現出來，所以藉由成交量的變化，我們可以察覺一些市場上正在進行的細微變動。

當市場正在進行的是一個上漲的趨勢，成交量大致上也應該是隨之上升的，因為我們知道在一個正在上漲的市場當中，維持漲勢的方法一定是越來越多人參與交易，才能讓行情繼續往上爬，這表示買方比賣方還要多，而市場如果能一直維持買方大於賣方，那麼

股價就會繼續上漲，這也是我們所說的「進貨」；反之，若市場即將進入一個下跌趨勢當中，則會有「出貨」的情形發生，「出貨」表示賣方的力道開始大於買方力道，有可能使得市場停止上漲或是反轉走跌，至於該怎麼判斷市場是進行進貨或出貨，就是我們要學習的重點。

在我們學習市場的進貨或出貨時，利用的就是K線圖跟成交量的變化，為什麼要利用K線圖？因為K線圖的圖表當中有每天的開盤價、收盤價、最高價、最低價，在每天的行情中，價格來來回回、高高低低那麼多次，不見得每一個價位都對我們有意義，但是每天的開盤價、收盤價、最高價、最低價卻是最有參考價值的，因為這是每天的市場中最大的一股力量作出來的價格，在圖形上也是最容易觀察的四個價位。我們很容易利用K線圖的圖表去觀察價格的變化，但是線圖的下方最好有成交量的標註，這樣我們才能夠根據價格與成交量的變化，準確地判斷市場每天發生的情形。

我個人所使用的系統是CANSLIM的創始人威廉歐尼爾的大盤進出貨判定系統，我從未想過要發明屬於自己的神奇指標或系統，因為我只是一個平凡人，我能做的是站在巨人的肩膀看世界，所以我利用大師的判斷方法並加以修正，畢竟大師使用的方法都是國外的市場，不見得適合台灣，於是我將自己對於台灣市場的研究與觀察，加以融合在系統當中，讓實際情形比較貼近台灣的市場。

先學會如何脫逃

📑 如何辨別出貨

　　在一個漲勢的末端，當買盤逐漸被賣盤消化，遲早有一天賣盤將會大於買盤，這種賣方力道超過買方力道的時點，我們稱為「出貨」。如何察覺這種出貨的情形是很重要的，在我們的定義當中，**當指數比前一天下跌，但成交量卻增加的那一天，就是「出貨天」**。

　　但是一個正在上漲的市場，不可能因為1天的出貨便進行反轉，在威廉歐尼爾的研究裡發現，如果在2－4週的期間裡，出現3－5天的出貨天，並且成交量大於最近近期內的平均值，就足以讓市場從上漲趨勢轉變成下跌的趨勢，因此我們要特別注意跟前一天比起來這種價跌量增的出貨日。

　　當我們發現有出貨天的情形時，我們應密切注意往後的幾天是不是有連續性的出貨天，如果在一段短時間裡面，出現過多的出貨日，這時我們應該抱持著謹慎的態度，去猜想是不是市場的賣壓已足夠造成目前的趨勢進行反轉。一般有可能出現出貨日後結果市場又繼續上漲幾天，經過幾天上漲才又出現出貨日，如果出貨日與出貨日中間的間隔夠長，那麼我們便不用急著賣出股票，可以再多觀察幾天，繼續追蹤，一旦出貨日太過密集，我們就必須思考是否要先處理一些手上的股票以保持獲利。

　　還有另外一種特別的出貨日，就是我們常說的「**量大不漲**」，是指市場本來在一個非常熱絡的交易期間繼續上漲，可是突然某一天因為一些不知名的原因漲不上去，此時市場並沒有下跌，但是也沒有像前幾天那樣繼續大漲。舉個例子來說，也許在一個禮拜當中市場已經大漲了3、4天，卻在週四或週五接近週末的時候突然變成只小漲個幾點，成交量卻跟以往一樣大；甚至是盤中上漲7、80點或是上百點，可是收盤時只剩下小漲幾點或10幾點，這種價格沒有繼續上漲、但是成交量卻不斷放大的日子，我們也定為出貨日。

　　這兩種出貨日的情形，代表著市場正在進行一些細微的變化，而這些細微的變化或是某些原因突然阻止市場持續上漲，也就是買賣雙方的力道已經開始出現變化。在原上漲的過程當中，買方都是占優勢的，當出貨日發生時，就表示賣方的力道在逐漸加強，一旦市場開始停止前進並且有更多的賣方力道參與市場，則此時的買方優勢已逐漸喪失，轉變成賣方力道大於買方力道的賣方優勢。

　　一般而言，我們說的買賣方力道不是指實際進場買賣的人數，而是指買賣方持股的數量。舉例來說，假設賣出的人比較多，但買進承接的人卻是一些大型機構，例如一些共同基金、政府基金甚至是國際級的基金進場時，此時的賣方力道並不足以令買方力道衰竭，因為這些買盤的力量大於賣方的力量，他們買進的股數遠大於一般投資人所要賣出的，如此一來，就算賣出的人數比買進的人數還要多，股價還是持續上漲的格局，因為實際需求大過於供給；相反的，如果賣出的人是這些大型的機構或是投資法人，他們的賣方人數並不需要很多，卻足以使市場反轉，因為這些大型機構或是投

一個散戶的**成長**

資法人手中握有的持股數量過於龐大，一般投資人的螞蟻雄兵並不足以消化這些龐大的賣壓，因此這些少部份的賣方就可以使市場進行反轉。俗話雖說「聚沙成塔」，但是後面若是吹起強風時，一樣是「風吹塔倒」，這就是為什麼我一直強調買賣的人數不是重點，而是要看買賣方釋出的能量而定，哪一方釋出的能量越強，就越佔優勢，而價格也會傾向佔有絕對優勢的方向繼續移動。

這也是為什麼我們要追蹤價格與成交量的變化，因為如果市場下跌但是成交量沒有進一步的放大，就表示市場釋出的賣壓不大，有可能共同基金或是機構法人並沒有釋出持股讓市場承受比較大的賣壓，也許過個幾天等買盤消化，賣壓就不見了，那這樣的日子可能就不具代表意義；但是只要有少量大型機構開始大量出售股票，造成市場「**比較明顯**」的價跌量增，那麼就有可能賣方力道逐漸大過買方力道，進而開始使市場發生變化。

當我們連續幾天觀察出價格下跌並且成交量放大時，就應該對市場開始抱持著懷疑的態度，即便現在的盤面非常樂觀。我們可以做的是準備分批出場，分批出場有幾個好處，一是防止賣得太早或賣錯，後面若繼續漲上去，我們手中還持有部分股票可以繼續獲利；再來是防止反轉太快，適度分批出場可以保住獲利的戰果，很多人奮戰了一整年的獲利，就在幾次重要的下跌走勢中吐回，甚至還倒賠資金，那真的是賠了夫人又折兵，況且，放在股票帳戶的都不是錢，只有躺在銀行帳戶隨時可以提領的現金，才是真正看的到的「錢」。我們都應該試著保持理性的態度去看待行情，其實價增量跌跟量大不漲有時不好分辨，因此如何準確地判斷出這些出貨日，並正確統計出貨日的天數，就是左右您分析大盤最重要的關鍵點。

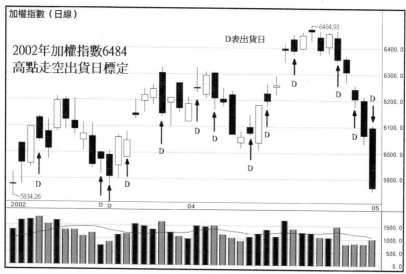

圖2－1：2002年加權指數6484高點出貨日標定

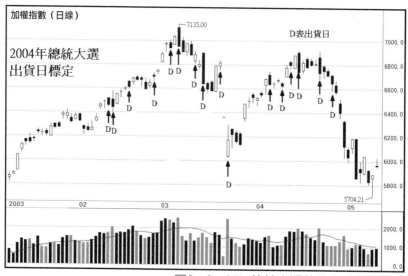

圖2－2：2004總統大選前後的出貨日標定

注意盤面上的指標股

在台灣股市，我將重要且會帶領大盤、具有重要畫龍點睛的股票稱為「指標股」，在我的分類中，指標股又分為兩類，一是散戶少參與，大多數是機構投資法人、國內外共同基金、一些重要的公司股東，和有雄厚資金實力的中實戶進場買進的「**高價股**」。這類公司有資本小或是資本大的，但共同的特色就是成長性很高、很強，每年公司的EPS動輒在5元以上，一般這類的高價股通常都是大盤要開始走出多頭行情的領頭羊，或者是行情尾聲即將崩跌時，壓死駱駝的最後一根稻草，因為當大家手中的爛股票都殺光時，唯一剩下還能繼續砍的只剩下成長性最好的公司股票，而這些高價股通常就是人家最後拿出壓箱的庫存開始大清倉專用的。高價股的參考性蠻重要的，幾乎可以代表市場上資金雄厚的一方之進場或是撤退，有點類似古代戰爭時的「狼煙」，這類股票若動了起來，通常代表後面的大行情也即將來臨，無論市場接下來是漲或跌。

另一種指標是股市中最重要的，是眾多散戶人人可以參與、每天成交張數動輒上萬張甚至到1、20萬張的熱門股，也就是「**人氣指標股**」。人氣指標股對於觀察大盤而言是最重要的一個環節，因為目前台灣的股票市場裡，一般投資人，也就是大家俗稱的散戶，佔整個台灣股市的三分之二，而法人機構大約只佔三分之一左右，雖然台灣開放外資陸續投資，但是由於全面開放外資進來台灣投資的時間並不算太長，所以法人的比例跟一般投資人的比例相差蠻懸殊的(但是隨著開放跟改革的腳步，台灣與國際接軌的速度也越來越快，法人佔台灣股市的份量一直有在慢慢提升當中)，因此雖然

法人機構的動向足以影響趨勢的變化，但是畢竟整體的市場並不是完全讓法人掌控，法人只能達到畫龍點睛的效果，影響的時間並不會過長，所以在目前的台灣股市裡，一般投資人交易最大宗的人氣指標股就會是左右大盤最重要的依據。

我們要進一步確認大盤作頭，觀察盤面這些指標股的走勢就變得十分重要，因為指標股正是導致大盤作頭最重要的依據，這些當初帶領大盤向上攻擊的指標股或是人氣股，正是市場中最多人參與的個股，一旦這些指標股發生重大的變化，就很容易使大盤形成頭部。在這裡我還要導入一個概念，就是「類股」的觀念，在股市當中其實就像在戰場上作戰一樣，通常大戶要進攻時不會選擇採取單打獨鬥，因為無論多大的資金，在整體市場裡仍舊算是滄海一粟，單靠一己之力就想要改變這麼龐大的市場，幾乎是不可能的事，所以團體合作就會顯得很重要，而類股的概念就是將同類或性質相同的個股，歸納在一個族群裡面，這個族群就會形成一個類股，而一般大資金的投資機構法人或是資金雄厚的一些財團和中實戶，就會根據類股的表現共同買進或賣出，在這些同類股的指標股作頭的現象，就是我們觀察大盤作頭的根據。因此當我們發現大盤出現出貨日時，我們就要去觀察這些類股中的個股在盤面上的變化與影響，一旦確認這些指標股有出貨的嫌疑，就可以幫助我們更準確的去標定大盤的出貨日。這是觀察大盤最重要的一個「眉角」，很多人不會看這些東西就會很吃虧，下面我將列舉當初在2004年總統大選時不是因為319槍擊案才導致大盤走空，而是其實大盤早就已經作頭了，槍擊案只不過是一個催化劑，這些東西我們可以由指標股發現一些端倪。

一個散戶的成長

　　我列舉幾檔當初在2004年帶領大盤的指標股給大家看看，大家可以比較前幾頁2004年大盤出貨日的圖表，對照一下當初作頭時這些指標股類股發生頭部的相對時間跟位置，還有成交量的變化，看看作頭的先後順序。

1. 高價類股：

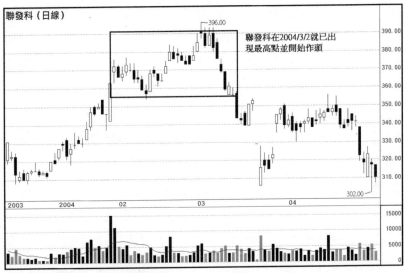

圖2－3：聯發科2004年頭部

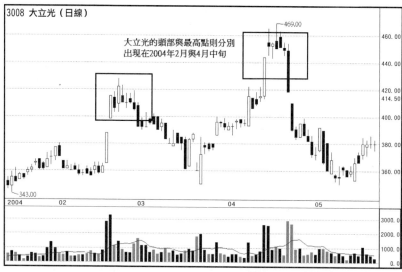

圖2-4：大立光2004年頭部

2. 熱門指標股(人氣股)：

面板類股：

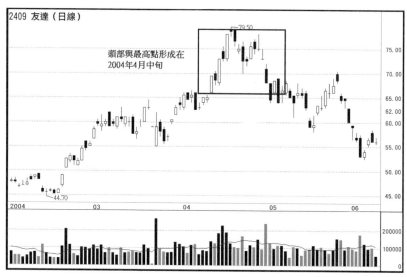

圖2-5：友達2004年頭部

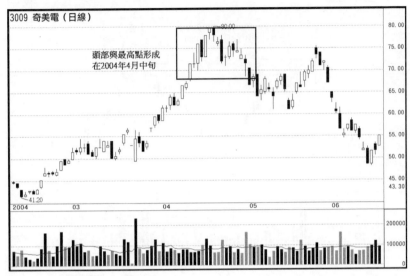

圖2-6：奇美電2004年頭部

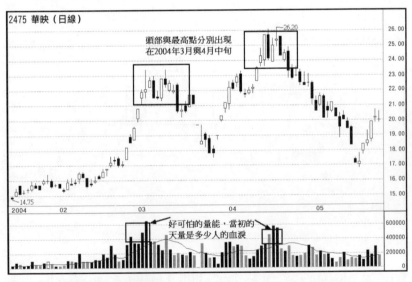

圖2-7：華映2004年的頭部

DRAM類股：

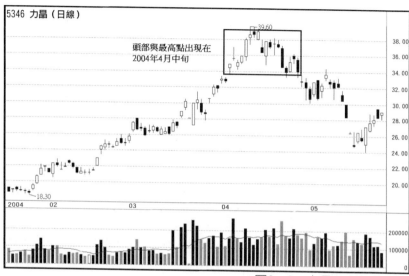

圖2-8：力晶2004年的頭部

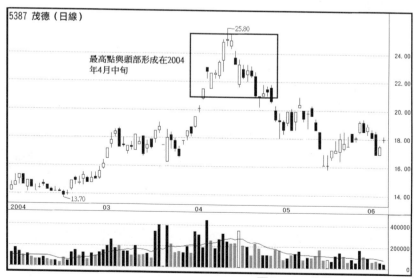

圖2-9：茂德2004年的頭部

一個散戶的**成長**

▶ 作完頭的特殊現象

看完了這些當初作頭的高價股或是人氣指標股也好，是不是發現其實大盤的作頭跟這些股票有高度的連動關係？這樣想就對了。想想，最多人看的戲都散場了，那電影院裡（大盤）還可能剩下什麼？這些圖回頭來看或許容易，但是在當初卻不容易分辨，因為當時的氣氛很熱，尤其是面板跟DRAM更是319槍擊案之後拉抬的重炮部隊，但是一旦戲演完了，你也忘了離場，那最後一隻被抓的白老鼠就是你。看看歷史，多少人在這些高點過後不到半年其股價就被腰斬，多少人為了山頂上的稀薄空氣，卻得了高山症連滾帶爬的滾下山去，這些都值得我們借鏡。

有歷史為鑑我們就要記取教訓，然後要學點東西。我當初在研究這些頭部時，就發現在作頭的時候，最高點出現沒多久都還不會死，但是一個特殊現象出現時，就宣告最高點的出現跟頭部結束準備進入主跌，什麼現象？「跌停」。在這些股票作頭中間，股價會開始盤整或進行比較量大的緩跌，並且大盤開始出現出貨日，這些股票會無預警的跌停，一般都是盤中大單遭摜殺，而且都是類群與類股為單位的集體式出貨。如果你發現大盤的出貨日出現，又發現這些高價股跟人氣股沒有什麼利空卻無緣無故摜殺到跌停，同時當日成交量也放大，那麼遭到大型法人機構以及大戶出貨的機率甚高，而一旦有這些跌停的現象，就算破線以後再反彈，也很難彈回第一根帶量跌停的價位以上，那麼這就是滿強烈的大盤即將轉空的訊號，需要特別注意再注意，像2004年面板股的友達、奇美電、華映、彩晶，還有DRAM類股的力晶、茂德、南科在4／22的第一根共同跌停，同時當天大盤是爆大量的出貨日，就是大盤轉空頗具決定性的訊號。

市場何時復甦

何時觸底？

當我們經歷長時間的空頭行情之後，大多數人會在一次又一次的大盤假性反彈時誤認為市場回升，而將資金再投入市場，結果市場又繼續往下走，並進行一段又一段的空頭行情，直到真的市場底部出現為止。多數人不是在剛開始的空頭行情受傷，就是在這些反彈、假性的短暫回升中受騙，而蒙受了莫大的虧損。空頭行情常見的特色就是開高走低，或是上漲沒幾天之後，又被另一波強勢的賣壓給壓了回來，繼續轉為下跌的走勢，我相信很多人一定有過這樣的經驗，明明在反彈當中買進最強的股票，結果才強沒幾天馬上又在大盤轉壞之後也跟著下跌，手頭的股票經過一連串反彈、下跌、反彈、下跌的循環之後，變成一堆套牢的股票，卻不知道該怎麼處理，這是最令人沮喪的一件事。

在多頭市場轉空頭市場時，我們首先要做的，是將手頭上所有的股票及時賣出、收回現金，等到空頭下跌的走勢結束之後，在低檔才有錢可以買進任何好的標的。投資股市的人生憾事莫過於「高檔無股可賣、低檔無錢可買」的窘境，但是我們都知道在空頭的走勢中，很難去判定什麼時候市場是真的止跌回升，當真正的底部來臨時，絕大部分的人都還是忙著舔著身上的傷口，而不願相信多頭市場真的已經回來了，因此空頭的時候要學會脫逃，空頭結束之後開始悄悄的變成新的多頭準備上漲時，我們也要把握住盤面給我們的訊息，及時進場。我相信世界上沒有百分之百的事情，不可能有一

種方法可以確定一定會怎樣，但是只要機率大過50%甚至70%以上，那就值得我們去做一些嘗試，只要我們將風險控制好，獲利的機會就會大大的提升不是嗎？所以我們應該試著去感受真實市場可能帶給我們的訊息，寧可犯錯，也不願失去任何可以成功的機會，畢竟機會不是隨時隨地都會有的。

上一章節我們談到一些歐尼爾判定出貨的方式，這一節我們就來談談如何利用盤面上的訊息去判定大盤的反轉。我們知道空頭趨勢中容易開高走低，原因是因為賣壓總是比買盤大，我在這裡丟出一個問題讓各位思考一下，我們在市場久了常會聽到如果三天不過高或是三天不破低，往往就是行情又即將反轉的徵兆，也就是說如果空頭反彈了三天，多頭卻遲遲無法進一步攻擊將盤勢帶向上，就有可能將行情再從反彈導回空頭，變成繼續下跌的走勢，當時困擾我的是「三天」這件事，為什麼會是三天一直讓我百思不得其解，後來當我學到一些時間安排的技術時，我就得到我想要的解答。

當時我個人是這麼想的，在股市中一個禮拜有五個交易日，我們可以把這五天當作多方跟空方的戰爭，誰在戰爭中佔的勝利天數越多、越久，贏得這場戰爭的機率就越高，在行情當中也是同樣的道理，一個星期中哪一方能夠佔領盤面越久，贏面就越大，行情就會往最少阻力的方向移動。至於為什麼大家喜歡用三天，因為一個星期只有五個交易日，超過三天就是將這個禮拜的主導權攬在手中，K線的週線就會以主導的那一方為首，大家都知道五天日K線才有一根週K線，因此週線在K線的表示上就比日K線來得重要，那是一週以來多方跟空方角力後的最終成果，而也因為要搶得先機，無

論哪一方都會在一週的開頭就先試探性的進行主導，以測試市場上大多數人的想法。

但是有一點我要特別強調的是，整體的股票市場如大海一樣，任憑多大的資金在市場當中都像是滄海一粟，很難長時間影響行情，在市場上人家常說：「10億資金影響一天行情，100億資金影響一週行情，1000億影響一月行情」，縱使是投資大師巴菲特或索羅斯也不敢貿然與市場趨勢作對，那只會加速滅頂的時間，因此如果不是市場真正開始進行復甦反轉，任憑你再大的勢力進場，時間一久，一樣會被市場的力量無情的反噬。

如果市場已經讓某一方的力量宣洩完畢，另一方崛起的速度就會很快，這也是我們要特別注意的地方。因此我們應該將觀察的重點放在當發生趨勢反轉，空頭行情走到末段時，初始的反轉力量能持續多久？重要的整體大盤買進訊號為何時，就表示另一段新的多頭市場已經來臨，我們必須開始轉變長久以來偏空的心態？贏最多的贏家其勝利的關鍵在於比大部分的人更早洞燭機先，當真正的機會來臨時，他們更善於把握，當你相信你所做的都會成功時，那就會成功，試著不要一直懷疑自己，那是促使你能夠跟別人不一樣的最大動力。

在空頭行情中，總會進行幾次反彈，通常反彈幅度不大的，容易被觀察被忽略，因為大家都可以分辨出來是反彈，但是遇到強彈，也就是彈升的幅度比較大時，就容易讓人誤認是回升，因此我們在分辨是反彈或是回升時，第一個要務就是先把時間掛上去，也就是說，哪怕今天彈升的幅度再大、漲的幅度再多，也都不要貿然

進場，因為市場有可能暫時性的因為有心人士的特意進場，而造成劇烈的波動，特別是空頭市場的走勢會伴隨著低成交量一直探底，直到真正的底部出現時才會又有活絡的成交量，此時一至三天的假性反彈我們都應該忽略不看，除非超過三天以上，那麼我們就有時間跟證據，證明市場有可能即將反轉止跌回升，因此，**市場最低點出現超過三天以後的反彈**我們就應該提高警覺，開始環繞整個市場，看看是不是盤面上已經有要動起來的訊號出現。

那過了三天之後我們要注意什麼？兩個重要的特徵跟因子，一是**大盤漲幅**，二是**大盤成交量**。漲幅夠大，表示整體市場的買氣跟買力很旺盛，記著，大盤是所有上市上櫃公司的縮影，大盤動起來，就表示大多數的公司都動了起來，特別是一些指標性的龍頭股，因此漲幅是一個很重要的訊號。在我統計過這幾年來的一些比較大型的底部中，能夠讓空頭市場扭轉的第一個訊號是，三天之後的**第一根漲幅超過1.2%的中長紅K線**，也就是收盤時與前一天比較，其漲幅超過1.2%，即第一個條件成立。第二個條件是，除反彈收盤漲幅超過1.2%之外，同時**當日的成交量要放大**，要放多大？至少要**較前一日放大30%以上**。成交量放大就表示市場上開始有人積極買進，因為漲幅能那麼大勢必是因為不計價的在低位吃進股票，才能使得大盤的漲幅變大，成交量也才能夠進一步的放大。如果漲幅夠大，但是成交量卻跟不上來，表示市場上的買盤還是縮手觀望當中，反彈失敗的機率也會變得比較大，因此，成交量放大是第二個必須要被成立的條件。

　　當大盤由底部往上彈升三天之後，出現當日收盤漲幅超過前一日1.2%以上，並且成交金額較前一日放大30%以上時，我們稱這一天為「突破日」。有突破日的發生不是告訴你大盤馬上就要正式走多了，而是表示大盤已經準備要脫離空頭市場再走出一段新的行情，我們要做的，是繼續從那天起連續觀察接下來的幾個交易日，等待「漲勢確立」的那一天，在漲勢確立日還沒出現時，我們所能做的就是觀察再觀察。錢放在身上並不會咬人，但是如果被套牢了，就很難把他們救出來。

　　而我們知道突破日之後，怎麼去找尋「漲勢確立日」？很簡單，我說過「複雜的事情簡單做，簡單的事情重複做」，一樣把找突破日的方法再使用一次，也就是當突破日出現之後，在接下來的日子裡再找第二個突破日，而第二個突破日我們就標定為「漲勢確立日」，一旦漲勢確立日出現，就是宣告大盤正式開始走出多頭行情。無論你是不是還在懷疑空頭是否已經真的過去，你應該試著去聆聽市場的語言，找出盤面的領漲股跟指標股，挑最強勢的股票準備進行買進，很多機會其實稍縱即逝，一旦沒有把握住重要的機會，持股成本就很容易墊高，在股市中，持股成本過高本身就是一種風險，而且也經不起較大的振盪，很容易被洗出場，低成本的持股就是你最佳的保護傘，後續你要學習的，才是如何在最佳的時機買進最棒的股票。

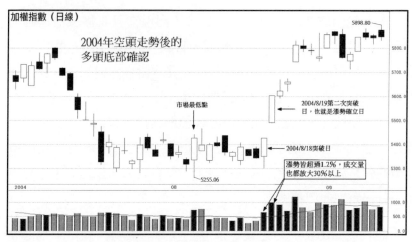

圖2-10：2004年空頭走勢後的多頭底部確認

圖2-11：2005年空頭走勢後的多頭底部確認

◆ 辨別可能會失敗的底部

上面我們舉出了辨別大盤底部的方法，但是這裡我要補充可能失敗的底部，在我們尋找漲勢確立日的過程中，我們等於是操作兩次突破日，因此我們要辨別底部是不是會失敗，最重要的依據是「支撐」。什麼支撐？就是第一個突破日的最低點，此為確認波段多頭起漲的最後支撐，一旦我們找出來的突破日無論盤中或收盤被跌破，這就有可能是一個不好的底部，可能隨時再醞釀拉回破底。另外要說明的是，在出現漲勢確立日也就是第二個突破日之後的幾天中，若是有跌破漲勢確立日的最低點，並不像第一個突破日低點被跌破那麼重要，因為當漲勢確立日出現時，如果不是那麼強勁、還在孵芽階段的多頭市場，很容易會因為上檔還有的賣壓造成回檔，這時我們如果已經買進股票，只要注意先停止加碼，待盤勢有更好的表現之後，再伺機加碼就好，但是最大的忍耐極限依舊是第一個突破日的低點，一旦漲勢確立日的低點被跌破，最後連第一個突破日的低點也被跌破，那我們就得去懷疑，會不會仍舊是一個很強勁的反彈而不是回升，進而去調整我們手中的持股內容。

圖2-12：失敗的底部突破

最重要的基本面

　　這個章節我不著墨在太深的財務分析，因為坊間教人如何看財報的書籍太多，像是Smart智富出版、劉心陽先生所著的《操盤人教你看財務報表》，還有聚財資訊出版、總幹事黃國華先生所著的《交易員的靈魂》，這些都是很棒的財報入門書，加上一些實際案例的解說，讓財報分析變得很生動，不那麼枯燥無趣，特別是總大的《交易員的靈魂》一書，更是藉著作者深厚的總經跟財務分析的底子與詼諧的筆調，讓一般人很輕易的就知道財務分析。我相信很多人，嚴格來說，應該是高達9成的人，在買賣股票之前從沒有好好的分析過財務報表，不是嫌太過枯燥，就是不知道財務報表怎麼看，開這兩本書單，我想應該會讓一些非會計體系的朋友輕鬆的學習財務分析，畢竟好的財務分析功力，是奠定股票投資勝利的入門磚，也是唯一能避開地雷股的最佳護身符，我建議有心在股市投資獲得成功的人，可以好好的學習財務分析，並從一些蛛絲馬跡之中找出投資的關鍵。

　　我從財報當中挑出幾個最重要的基本面關鍵來討論，我們都知道，飆股幾乎每幾年就會出現幾檔，每一陣子都會出現不同的類股與產業，而飆股之中又會出現成長性最強的股王，例如民國86年890元的華碩、民國88年850元的廣達、民國89年629元的威盛，到民國95年985元的茂迪和1220元的宏達電，這些飆股都締造最飆的漲幅與成長性。在這些飆股起漲前和漲升當中，究竟什麼重要的事被我們漏掉了，使得在當初看走了眼沒有加以買進？或者我們在持有的過程中過早被甩掉了？我想這些股票的基本面都值得我們去探討一下。

一個散戶的**成長**

🔸 當季每股純益

經過我的統計發現，一些漲幅數倍以上的剽悍股票在大幅漲升之前，他們的每一季比較去年同期的**當季每股純益**，都曾出現過大幅的成長，成長性越高的，在接下來的行情中也表現得最為出色、最為亮眼。最適合我們買進的是當季每股純益較去年同期有較高成長性的，或是從原本的虧損環境當中，轉虧為盈，並且幅度越大越好。

將一家公司的稅後純益除以股本的總發行股數，就是**每股純益(Earning Per Share)**，也就是我們常說的EPS。很多人知道EPS，卻不知道EPS說的就是每股純益，不要笑，這是真的，很多在證券行看盤的投資人跟菜籃族，對有些公司的EPS滾瓜爛熟，不然就是遇到別人推明牌時會順口問一下：「啊今年EPS賺多少？半年報EPS賺多少？」可是一問什麼是EPS卻支支吾吾的答不上來，這些人就是看熱鬧的。對我們而言，每股純益的成長性是很重要的，特別是每股純益的**成長比率**，一般來說，會變成飆股的都是公司從擴張資本之後，準備進入到高度成長期的時候，這種股票會呈現高度的成長，也就是我們想找出來的高成長循環股。

基本上，當季的每股純益成長得越多、成長比率越大的，其投資價值就越高，也越適合我們買進。但是要注意的是，我們要找出每股純益成長的股票有一些基本的標準，比方說，一檔每股純益從0.01元成長到0.1元，雖然是成長10倍，但是以價值投資來說卻是很差的表現；相對的，一檔股票的每股純益若從1元成長到10元，這就是非常強勁的成長，這種成長幅度與變動率越強的股票，就極有可能成為明日之星。我們在挑選過濾股票時，這類的基本面篩

選，就是我們的首選，依我過往觀察過的飆股，我的建議是選擇至少年度每股稅後純益EPS在2元以上的股票，作為初步的觀察對象，比較會出現倍數以上的漲幅。

我在這裡要補充說明一點，我個人在觀察時所算出的每股純益EPS是用「稅前」的方式去算，因為有時候公司會因為一些調整的稅率問題，而讓稅後的每股純益跟稅前的每股純益相差蠻多的，除了用稅前的每股純益去算以外，我所計算的每股純益也都是經過剔除跟過濾的。

過濾什麼？過濾一家公司不是本身營運的動能。我們都知道，一家公司從草創初期，到擴充資本之後，再到營運出現轉機，形成強烈的成長動能，靠的是本業的成長，就是因為本業業績的大幅成長，才值得我們去買進其股票，而也是因為本業的成長動能充足，才有足夠的力道支撐股價不斷的攀升，因此，我們拿到財務報表之後要分析的，是公司獲利的結構。

大家可以從股市公開資訊站的網頁裡(http://newmops.tse.com.tw/)，輕易調到我們所要投資公司的財務報表，從下面兩張財報的圖表中，我們可以清楚的看到兩家公司的差別。圖一是宏達電公司94年度的四季季報，圖二則是茂矽公司94年度的四季季報，從財報中我們可以知道，一家公司的「本業」成長動能，也就是公司本業所賺到的錢，在財務報表的損益表當中的項目為「營業利益」，當營業收入扣掉營業成本之後的所得為「營業毛利」，而毛利扣掉人事管銷等雜項的「營業費用」，剩下的就是實際本業賺到的錢，也就是「營業利益」，在財務報表中，我所檢視的公司本業成長動能就是這個項目，這個項目很重要，是你發現飆股前的第一步驟，以下我會再用這兩張圖表來解說更多的項目。

一個散戶的**成長**

單位：新台幣仟元
本公司採　月制會計年度(空白表歷年制)

季別	第一季	第二季	第三季	第四季
營業收入淨額	13,250,627	28,687,972	45,244,433	72,768,522
營業成本	10,530,935	22,073,529	34,697,239	54,758,040
營業毛利	2,719,692	6,614,443	10,547,194	18,010,482
調整項目	-4,842	-8,732	-10,778	-8,788
營業費用	966,500	2,058,606	3,200,637	5,161,215
營業利益	1,748,350	4,547,105	7,335,779	12,840,479
營業外收入及利益	36,207	85,713	140,509	217,975
營業外費用及損失	191,898	459,229	519,924	902,515
稅前純益	1,592,659	4,173,589	6,956,364	12,155,939
所得稅費用(利益)	20,496	117,358	258,416	373,995
停業單位損益	0	0	0	0
非常損益	0	0	0	0
累積影響數	0	0	0	0
稅後純益	1,572,163	4,056,231	6,697,948	11,781,944

本資料由(上市公司)宏達電公司提供

　　從圖表一跟圖表二當中我們可以看到，宏達電跟茂矽有一個很大的不同－公司的營運動能，簡單說，就是獲利的結構不同。宏達電的四季稅前純益分別為1,592,659 千元、4,173,589千元、6,956,364千元、12,155,939千元，而四季的營業利益分別為1,748,350千元、4,547,105千元、7,335,779千元、12,840,479千元，計算之後我們就可以知道，稅前純益佔本業成長動能很大的比例；反觀茂矽的四季營業利益分別為66,008千元、101,354千元、60,221千元、133,627千元，而四季的稅前純益分別為550,106千元、475,069千元、666,763千元、916,280千元，可以發現茂矽的稅前純益跟營業利益有著非常大的出入，顯然，龐大的稅前純益不是來自營業利益，也就是說公司賺的錢不是來自於本業，回過頭來看，我們可以看見茂矽四季的營業外收入及利益的數據為546,943千元、472,543千元、826,591千元、1,183,645千元。

　　這下子一切都一目了然了，茂矽的營運動能來自業外的投資活動，94年的每股純益就是從業外投資而來，宏達電則是靠著本業紮紮實實的賺來的。試想，一家公司的獲利來源結構如果都是靠著業外投資在賺錢，你覺得公司長遠性會有很大的發展嗎？誰都知道投資這種東西是有風險性的，景氣好時，大家投資效益都收的回來，都能賺得缽滿盆滿，一旦景氣反轉或是所處行業寒冬，這些投資的東西又會造成多大的殺傷力？說句難聽的，投資在自己工廠設備或是所處產業都不一定會賺錢了，更何況有些公司的大老闆捧著錢去投資那些聽都沒聽過，甚至只是個夢、燒錢的新興產業，更重要的是，他還不見得是拿自己的錢，而是公司多少小股東的錢，你叫投資這些公司的小小投資人們情何以堪啊！

圖表二：茂矽公司94年度季報

單位：新台幣仟元

本公司採　月制會計年度（空白表歷年制）

季別	第一季	第二季	第三季	第四季
營業收入淨額	5,058,122	9,642,313	13,362,078	15,647,055
營業成本	4,848,874	9,222,366	12,867,947	14,968,510
營業毛利	209,248	419,947	494,131	678,545
調整項目	0	0	0	0
營業費用	143,240	318,593	433,910	544,918
營業利益	66,008	101,354	60,221	133,627
營業外收入及利益	546,943	472,543	826,591	1,183,645
營業外費用及損失	62,845	98,828	220,049	400,992
稅前純益	550,106	475,069	666,763	916,280
所得稅費用（利益）	-63,586	-42,726	-71,830	-36,731
停業單位損益	0	0	0	0
非常損益	0	0	0	0
累積影響數	0	0	0	0
稅後純益	613,692	517,795	738,593	953,011

本資料由（上市公司）茂矽公司提供

　　所以，一樣是投資，我們應該選擇真正業績面爆發的公司，而不是一些不知道把錢拿去哪裡亂投資的公司，就算這樣的公司股票再飆，其如何自吹自擂的誇大獲利，投資人都應該遠遠避開。尋找質優的公司投資，這樣抱起股來晚上也會睡得比較香甜，不用擔心明天醒來之後，在報紙頭條見到你所投資的公司突然公布投資虧損連連，或一夕之間變成像博達、耀文、久津這樣的地雷股公司而悲痛萬分，這些都值得投資人深思。

何時買進
基本面最棒的股票？

上一節我們談到了最重要的基本面要素為「每股純益」，也就是EPS，我們這裡過濾的EPS是將公司的業外經營扣去，剩下的本業經營也就是財報損益表上的「營業利益」這個項目，才是我們真正要看的公司的成長動能。我建議自己手算EPS比較能將事實真正的反映出來，當你看見的數據都是由別人整理出來或是聽來的，基本上其可靠性就已經先打了折扣，自己計算就可以藉由這些數字的變化，去瞭解每一個數據真正帶給你的感受。

計算EPS之後，這些處理完的數據可以幫助我們在多頭來臨之後逮到一些飆股，我們在股市中尋尋覓覓，為的就是想找到能夠漲一倍、兩倍甚至更多的股票，而從財報的基本面下手，絕對是第一步先行的步驟。

我整理了台灣從2003年SARS到現在近四年來的一些飆股，發現這些股票要發動大幅度的飆升之前，都有幾個特點，我整理如下：

1. 要大幅飆升數倍的這些股票，是**某些行業類別的產業龍頭或前幾名**，比方說6244的茂迪便是太陽能產業的龍頭，2498的宏達電是智慧型手機產業的龍頭，5483的中美晶是太陽能上游矽晶圓產業的龍頭，3356的奇偶是安全監控產業的龍頭，3008的大立光是光學鏡頭產業的龍頭，2454的聯發科是IC設計產業裡面的龍頭，8299的群聯是NAND FLASH磁碟機的龍頭，很多要大漲的股票都是佔據這些產業的龍頭。試想，如果龍頭都不賺錢了，那些二、三線的公司有機會賺錢嗎？

2. 這些股票在起飆前的財報上，「**每季的每股純益**」會進行「**連續性的成長**」，也就是說在這些股票真正進行大漲之前，是因為公司的本業經營開始進入豐收期，造成連續幾季的每股純益一直持續性的成長。大家必須知道，有能力將股票的需求一直推上去，並且一直吃進越來越高價股票的只有兩種人，一是熟知公司內部經營的大股東跟老闆們，二是擁有大部位資金的投資機構法人，一般散戶要將股價推上很高的機率趨近於零。而每季的每股純益成長要以去年同期的業績來比較，也就是我們常用的QoQ(Quarter of Quarter)，我觀察到若每季的純益成長達20%或更高的速度，其將來飆升的幅度也越高。

3. 在每季的每股純益高度成長之後，若有某一季「大幅度」的拉高當季的盈餘成長，通常會突然超過100%的QoQ成長，那一個季別就是即將大漲的前兆與暖身。我發現最具爆發力的幾檔股票，曾經有當季較去年同期突然成長近200%的情形，通常這種突然大幅加速的盈餘成長，我都用高爾夫球中的術語「Sweet Spot」稱之，也就是「盈餘加速點」，這會是即將大漲前的重要特徵。

4. 盈餘加速點出現之後，接下來最重要的，就是在股價上出現近期內的新高價。我發現越是敢飆、業績成長越是剽悍的公司，其股價就越容易不斷的創新高，創近期新高、波段新高，到最後就會出現歷史新高。會一直創新高，表示股票的需求一直很強，若是加上基本面不斷的成長，需求會更強，特別是當漲到每個散戶都很怕被洗下車的時候，股價更是一路不回頭的往外太空去。

一個散戶的**成長**

　　以上四點就是統整這四年來我研究的這些飆股當中，一些重複出現關鍵點，下面我將直接用實例操作，讓大家知道如何趕在技術分析之前，先用基本面找出這些股票。

▶ 實例分析

🔲 6244茂迪

　　2004年橫跨2005年最飆的一檔個股，當屬大家都耳熟能詳的「6244茂迪」，當初我會去注意到這檔個股是因為2005年要過年封關的前一個禮拜，年X財經台一直在報導這檔太陽能個股，我才回頭去分析它的。這個case給我的經驗就是，一個人的力量太小，平時要多吸收一點新知、多下一點苦工，才有可能掌握住每一次好的投資機會。

　　我們來看一下茂迪，茂迪是由2004年9月份開始起漲長多，也就是在2004年的3Q(第三季)開始起漲，因此我們至少要先回溯一年前的季報，觀察公司的基本面成長情形。下面我們先調出公開資訊站中茂迪在2003年(92年)公告的「損益表」，藉以觀察公司的獲利情形，並與2004年的一起比較。我還是要再一次苦口婆心的說，看公司的獲利，一定要把本業的獲利(即「營業利益」)跟「營業外的收入及利益」這兩項獨立出來觀察，你才能清楚的知道公司實際獲利情形。

92年度茂迪年度四季損益表

單位：新台幣千元

季別	第一季	第二季	第三季	第四季
營業收入淨額		445,272	751,996	1,135,186
營業成本		315,753	529,286	819,773
營業毛利		129,519	222,710	315,413
調整項目		0	0	0
營業費用		50,774	76,827	112,028
營業利益		78,745	145,883	203,385
營業外收入及利益		11,501	9,013	20,759
營業外費用及損失		2,043	2,915	4,084
稅前純益		88,203	151,981	220,060
所得稅費用（利益）		334	334	419
停業單位損益		0	0	0
非常損益		0	0	0
累積影響數		0	0	0
稅後純益		87,869	151,647	219,641

93年度茂迪年度四季損益表

季別	第一季	第二季	第三季	第四季
營業收入淨額	388,959	886,069	1,583,330	2,450,374
營業成本	292,615	650,649	1,140,540	1,760,224
營業毛利	96,344	235,420	442,790	690,150
調整項目	0	-3,195	-7,409	-4,619
營業費用	30,893	82,725	128,121	170,932
營業利益	65,451	149,500	307,260	514,599
營業外收入及利益	5,411	13,494	29,060	55,602
營業外費用及損失	8,527	4,439	6,031	10,435
稅前純益	62,335	158,555	330,289	559,766
所得稅費用（利益）	0	146	146	146
停業單位損益	0	0	0	0
非常損益	0	0	0	0
累積影響數	0	0	0	0
稅後純益	62,335	158,409	330,143	559,620

在92、93兩個年度報表當中，可以清楚的在營業利益項目中看到本業的成長，我們將本業獲利拿出來比較一下：

92年營業利益		78,745	145,883	203,385
93年營業利益	65,451	149,500	307,260	514,599
QoQ成長率		89%	110%	153%

從上表我們可以清楚看到，茂迪93年度自有資料的第二季開始，與92年度同期比較，營業利益呈現大幅度的數倍成長，並且一季比一季更加速進行，因此我們透過基本面就知道，這家公司從93年度的第二季就已經進入盈餘加速期，由財報再怎麼慢去切入這檔股票，93年的第四季季報一公布就一定得上車，也就是94年一月的時候，因為第四季的季報甚至成長高達153%，是連續三季高度且大幅度的爆發成長。將這些盈餘的表現與之前的業績相比，觀察是不是最近才開始這樣，還是已經成長好一段時間了，我個人的心得是，在台股中飆股走的時間是6個月到18個月，而基本面會領先股價3個月，因此，在連續第三個季月依舊大幅成長時就要及時進場，否則時間過長就可能會有追高的風險。

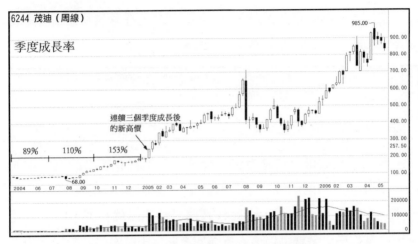

圖2-13：茂迪在財報連續三個季度高度成長後的走勢圖

2498宏達電

　　分析完茂迪，現在再分析一檔股王，也就是2498的宏達電。當初注意到宏達電是因為過年後在3C的賣場，看見Dopod多普達這個品牌的智慧型手機，那時候Dopod的手機讓我覺得功能簡潔，又適合商務用，加上搭配微軟WIN CE的介面，讓我覺得使用起來十分方便，比Palm好用很多，而我這人有個習慣，只要在展場、雜誌或科技討論區(Mobile01 http://www.mobile01.com/)看到令人興奮的新科技而且銷路很不錯，我天生的投資鼻子就會動起來，並且動手去查相關訊息。那時候宏達電的品牌不是很大，我也是輾轉翻了很多資料跟網路搜尋才知道，然而我當初找到宏達電的時候，其實他才剛剛開始走出一小波創歷史新高的行情，後來才知道那算是長多的起漲區而已，由此可知，基本面的線索真的可以幫助我們提前發現飆股的身影。

我們來看一下宏達電，宏達電是由2005年5月份開始起漲長多，也就是在2005年的1Q(第一季)開始起漲，因此我們至少要先回溯一年前的季報，觀察公司的基本面成長情形。下面我們先調出公開資訊站中宏達電在2004年(93年)公告的「損益表」，藉以觀察公司的獲利情形，並與2003年的一起比較。

92年度宏達電年度四季損益表

單位：新台幣千元

季別	第一季	第二季	第三季	第四季
營業收入淨額	4,711,486	9,095,647	13,752,320	21,821,605
營業成本	3,760,400	7,357,097	11,253,476	17,938,644
營業毛利	951,086	1,738,550	2,498,844	3,882,961
調整項目	0	0	0	-7,241
營業費用	429,644	925,126	1,411,592	2,056,260
營業利益	521,442	813,424	1,087,252	1,819,460
營業外收入及利益	78,413	158,660	214,008	482,678
營業外費用及損失	100,048	159,388	252,195	342,293
稅前純益	499,807	812,696	1,049,065	1,959,845
所得稅費用（利益）	15,684	45,462	55,321	109,113
停業單位損益	0	0	0	0
非常損益	0	0	0	0
累積影響數	0	0	0	0
稅後純益	484,123	767,234	993,744	1,850,732

93年度宏達電年度四季損益表

季別	第一季	第二季	第三季	第四季
營業收入淨額	6,886,103	14,981,493	22,063,290	36,397,166
營業成本	5,362,980	11,627,376	17,042,386	28,493,144
營業毛利	1,523,123	3,354,117	5,020,904	7,904,022
調整項目	-848	-1,465	1,121	952
營業費用	600,998	1,396,453	2,219,662	3,594,554
營業利益	921,277	1,956,199	2,802,363	4,310,420
營業外收入及利益	61,011	77,807	101,507	312,956
營業外費用及損失	232,647	280,402	359,805	662,848
稅前純益	749,641	1,753,604	2,544,065	3,960,528
所得稅費用（利益）	38,274	67,588	106,167	105,182
停業單位損益	0	0	0	0
非常損益	0	0	0	0
累積影響數	0	0	0	0
稅後純益	711,367	1,686,016	2,437,898	3,855,346

在92、93兩個年度報表當中，可以清楚的在營業利益項目中看到本業的成長，我們將本業獲利拿出來比較一下：

92年營業利益	521,442	813,424	1,087,252	1,819,460
93年營業利益	921,277	1,956,199	2,802,363	4,310,420
QoQ成長率	76%	140%	157%	136%

從上表我們可以清楚看到，宏達電自93年度第一季開始，與92年度同期比較，營業利益呈現大幅度的數倍成長，並且一季比一季更加速進行。而從宏達電93年度一整年的財報來看，這家公司從93年度的第二季就進入盈餘加速期了，而且公司的經營都是以超過100%的高驚人成長幅度不斷的創新高，這些我們都可以從財報看出端倪。雖然我在2005年(94年度)的二月份才看到這檔股票，但是他已經連續四個季度高速成長，而且股價才由150幾元爬到200出頭，連一倍的漲幅都不到，若由財報看來，我想這都還是個很舒服的投資時間點。

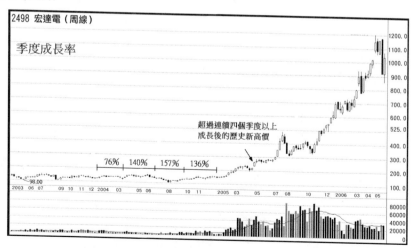

圖2-14：宏達電在財報連續四個季度高度成長後的走勢圖

一個散戶的**成長**

🔲 8299群聯

再抓一檔飆股8299的群聯給大家參考。群聯是2006年底才出現的飆股,既然是2006年才出頭的,當然資料要先從2005年的財報看起。

94年度群聯年度四季損益表

單位:新台幣千元

季別	第一季	第二季	第三季	第四季
營業收入淨額	1,288,093	2,551,949	4,096,020	6,308,289
營業成本	1,119,184	2,213,996	3,536,640	5,319,062
營業毛利	168,909	337,953	559,380	989,227
調整項目	0	0	0	0
營業費用	54,832	120,714	216,287	379,740
營業利益	114,077	217,239	343,093	609,487
營業外收入及利益	1,993	4,234	34,302	31,111
營業外費用及損失	4,630	1,218	571	60,685
稅前純益	111,440	220,255	376,824	579,913
所得稅費用(利益)	2,607	11,789	11,900	-10,173
停業單位損益	0	0	0	0
非常損益	0	0	0	0
累積影響數	0	0	0	0
稅後純益	108,833	208,466	364,924	590,086

95年度群聯年度四季損益表

季別	第一季	第二季	第三季	第四季
營業收入	1,834,954	4,425,458	7,503,016	12,451,974
營業成本	1,564,524	3,789,249	6,464,115	10,746,618
營業毛利（毛損）	270,430	636,209	1,038,901	1,705,356
營業費用	78,289	216,215	372,110	552,905
營業利益（損失）	192,141	419,994	666,791	1,152,451
營業外收入及利益	7,171	13,471	77,449	75,811
營業外費用及損失	49,826	75,989	80,789	124,740
繼續營業單位稅前純益（純損）	149,486	357,476	663,451	1,103,522
所得稅（費用）利益	57	11,738	13,795	32,310
繼續營業單位稅後純益（純損）	149,429	345,738	649,656	1,071,212
停業單位損益	0	0	0	0
非常損益	0	0	0	0
會計原則變動之累積影響數	0	0	0	0
本期淨利	149,429	345,738	649,656	1,071,212
調整項目	0	0	0	0

一個散戶的**成長**

在94、95兩個年度報表當中，可以清楚的在營業利益項目中看到本業的成長，我們將本業獲利拿出來比較一下：

94年營業利益	114,077	217,239	343,093	609,487
95年營業利益(損失)	192,141	419,994	666,791	1,152,451
QoQ成長率	68%	93%	94%	89%

群聯的第二季盈餘也是有開始加速的情形，接著每個季度都以穩定成長的幅度，帶領股價繼續創新高。因此連續性的季度盈餘成長很重要，找出財報中盈餘加速的那個點，是重要的切入訊號。

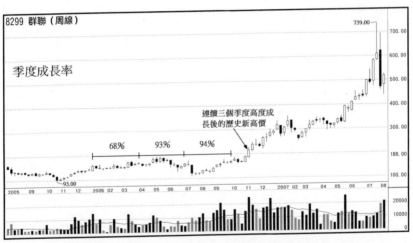

圖2-15：群聯在財報連續三個季度高度成長後的走勢圖

看到這裡，相信大家對飆股在財報上的原貌應該慢慢有個雛形了，我覺得很多功課真的不要假手他人，當你慢慢的去追蹤財報上面的數字之後，才會漸漸明白哪些數字對你是真正有用的，而你又應該注意什麼。

　　我在這裡為什麼要舉出三個實例？不曉得眼尖的人有沒有注意到這三檔股票的時間點？茂迪在2005年1月起飆，漲了6個月，漲幅超過3倍；宏達電主升段在2005年8月，漲了8個月，漲幅超過4倍；群聯在2006年11月拉出主升段，漲了9個月，漲幅超過3倍，也就是說三段飆股的時間點是錯開的，你只要能在一波2年以上的大多頭行情中連續性的操作飆股，那你的獲利就是3×4×3＝36倍，很驚人的數字，而且我敢說在未來的多頭日子中，這樣的飆股會不斷出現，端看你有沒有留心去注意。我常說，作幾支會飆的悍馬並且長期波段持有，勝過每天衝進衝出卻什麼都沒有，或許你會認為我現在說的都是事後諸葛，但是同一個時間點在飆的股票太多了，像是5483的中美晶跟群聯就是差不多時間起飆的個股，他的漲幅也超過3倍以上，我想，股票該怎麼作，大家心裡應該有個底了。

　　在這裡我還要補充幾個要點，一是關於「盈餘加速期」，通常飆股在要大幅飆升前，會有一個季度的營業利益會突然拉高，我觀察幾檔漲幅超過2倍以上的股票，都是在盈餘加速的那一個季度的季報中，較去年同期拉升將近100%甚至超過，通常那一個季度的財報公布後，就是起飆的時機點。

　　再來是關於EPS的問題，剛剛我們都是用季度營業利益來看成長，但是這樣會有個盲點，就是當公司一直成長之後，營業利益也會跟著膨脹，此時就要將當下的季度的所有股份拿出來除。這意思是說，有時雖然我們在營業利益上看起來還是繼續成長，但可能公司經過增資、發行公司債或海外ADR等等募集公司營運的資金，而造成股份的增多，也就是股本膨脹，此時若是營業利益成長的幅度

不夠大，每股得到的純益EPS就會下降，變成營業利益增加、但每股純益EPS下降。若遇到這種情形，就要觀察後續營收或是下一季的獲利水準能不能再拉上來，如果沒有，可能就是公司即將衰退的訊號，因此我們不能不謹慎去處理這些數據。

第三篇（破）

技術分析

這些年來對技術指標的心得
技術分析與技術圖表
技術指標的鈍化
週期交易

這些年來對技術指標的心得

講到基本面跟技術面的取捨，就不能不說說我在基本面跟技術面混合著用的當下，對於技術分析的看法。從我接觸指標以來，我常用的只有RSI，日前接受到幾個老師的指導，有時會多加入兩個指標，MACD與KD，至於其他過於雜亂或我從沒使用過的指標，基本上我是不太去碰的。受了聚財網版主龜爺的影響，我對指標的用法有另外一層的心得，老實說在所有的功夫整合之間，我也曾賠了大大小小不等的金額，在賠錢的過程當中，我對於自身的判斷與邏輯推理打了一個很大的問號，為什麼同樣是指標，不同的看法卻可以造成全然不同的結果？我很認真的用一些時間大量分析我過去失敗的操作，發現我還是無法脫離最原始的判斷方法，就是價格與成交量的判斷，也間接證實我無法完完全全的成為一個真正的技術交易員，因為我喜歡投資的時候帶點「原始」的味道，所以這段期間我成長很多。

我曾想過，其實散戶是最幸福的人，因為他們的動作是各種交易訊號出現時才會有的，而大戶、主力、金主最辛苦，因為他們要在發動所有攻擊之前，謹慎嚴密的佈局，他們不允許失敗，所以他們策劃價位、製造線型、利用手邊的資金畫出各種指標，這不是一般人辦的到的，嚴格來說，這不是「正常人」辦的到的。我也曾花過幾天的時間，利用一檔股票做模擬，假想自己是這一檔股票的主力，如何利用價格進行進貨、拉抬、出貨、做成交量、畫技術線型，這一切的一切都是為了訓練自己可以進行獨立思考與操作，最後我發現真的很難，簡直不是人幹的工作，因此我也體會到，想在投資中獲勝，不下點苦工是不行的。

淺談指標

在還沒介紹技術指標之前，沒使用過技術分析的讀者我建議可以先跳過，或者是翻到後頭去稍微瞭解一下技術指標的部分，而有使用過的人，也可以先參考看看我使用起來的心得。我之前提過，我只選用3個技術指標當主軸，因為這3個指標有一個相同的特色，就是都對價格有相對的關連性，以RSI來說，主要是測股價的相對強弱度，及一段時間內的漲跌幅度與點數的關係。RSI指標的原理是假設收盤價是買賣雙方力道的最終表現與結果，把上漲視為買方力道，下跌視為賣方力道，在計算的公式中，RS(Relative Strength)即為買方力道與賣方力道的比，亦即雙方相對強度的概念，而RSI(Relative Strength Indicator)則是把相對強度用絕對的數值定義在0－100之間，如此更能方便參考使用。

再來，以KD來說，主要是一段時間內的連續價格所導出的線圖，是利用KD的運算公式，去計算價格交易期間支撐與壓力之間的關係，當股價處於多頭時，收盤價有往當期最高價接近的傾向，KD值將不斷上升，而在下跌過程中，收盤價則有收在接近最低價的傾向，這時KD值會傾向下降，但股價往往在投資人追高殺低下，會出現超漲超跌的現象，這個現象也可透過KD指標表現出來。當指標不斷往上至高檔時，投資人去追高，超過合理價位的買進行為將使股價超漲，這便形成指標超買的訊號，超賣訊號亦同理，因此在高低檔的價格發生較劇烈的波動時，KD就會變得十分敏感，我們常用的交叉式買賣就是一個參考的依據。

而MACD，用的是乖離的原理，主要用以判斷股價脫離平均線後

的漲幅強度，利用快慢二條移動平均線(快線：DIF，慢線：MACD)的變化，作為盤勢的研判。MACD指標具有確認中長期波段走勢並找尋短線買賣點的功能，其原理在於以長天期(慢的)移動平均線作為大趨勢基準，而以短天期(快的)移動平均線作為趨勢變化的判定，所以當快的移動平均線與慢的移動平均線二者交會時，代表趨勢已發生反轉。MACD是確立波段趨勢的重要指標。

這是我對這三個指標的深刻體驗，最重要的是，這三個指標背離的過程是值得被探討的。其實說穿了，這些「落後」的指標，測的都是已經發生的股價，是過去式，是不能預測未來的，所有的方法與操作，導入的只是一個機率的概念，其核心都是「集體大眾心理學」。受到龜爺的影響，我對指標的看法在心理質素上就上了一層樓，簡單來說，目前我用指標來觀察的，是大眾在一段時間內的「集體意識」，例如在5分、30分、60分、120分、日線的KD交叉向上或下，可以經由成交量與價格產生的現象，引導我分辨會拉升的力道與幅度，因為我知道利用不同時段的KD交叉線，就能看出何時會有進出，而這也是控盤的人所要觀察的。

再以一個大家都知道的人物「秦筱芳」為例，她的PSY心理線16.33與83.33是買賣點，所以2006年2月這一波到6700附近的時候，我就知道以心理線為號召的一批可大可小的資金會在此處出場，因為當時的心理線來到他們出場的準則83.33，同理可證，我可以利用RSI、KD、MACD同時發出的訊號，去判斷行情的真假與強度，然後搭配我的訊號做進出。我覺得這樣子把腦袋轉過來之後，我就不是一個標準的線仙，我的所有進出是建構在市場的真實面

上，我只在乎誰買進、誰賣出，有賣出訊號時的買盤強弱度，以及有買進訊號時的賣盤強弱度。

我之所以以此觀點發展出屬於我自己的工具，是因為市面上的所有工具並不能表現出盤面的真實感，都是藉由過去發生的事實，告訴你未來可能的現象，這就又落入機率的問題了。不過在真實的市場裡，操作本來就是個機率問題，我們的操作就是傾向最大的機率，因為我們無從判斷其他人的進出準則，唯一能做的就是在更細膩的地方提高自身成功的機率。當然，要成為一個優秀的交易員，除了要投注大量的時間在自己的工作，研究大量的圖表與數據並學著自己做分析，更重要的是，你必須找一位好的老師，無論是你身邊出現的高手，甚至一些經驗老道的市場老手，都可成為你效法的對象，畢竟要成為成功的交易員之前，有人指導會成功得更快。

在技術指標的學習過程中，要注意的是千萬不要流於操作的「形」，何謂「形」？就像在武術中你只強調拳法或腿法的套路跟動作漂亮與否，而不去紮好馬步或注意出拳的勁道，這就是只注意到「形」。當你只注意到「形」時，就像在指標中你只注意KD或均線什麼時候黃金交叉、死亡交叉，或是RSI有沒有超買、超賣，這就是中了「形」的空泛虛招，10次之中只要有2、3次是嚴重錯誤的，就足夠毀滅你7、8次賺來的大量利潤，因此指標中的「意」，就顯得格外重要。

如何利用正確的指標跟參數分辨出盤整行情區與趨勢行情？假如是盤整行情又如何避開指標的盲點？哪些指標是用來處理盤整行情中的低買高賣，或是幫你過濾騙線的雜訊？而當趨勢行情來臨

時，又是哪些指標會率先告訴你行情的轉變？我們又應該換上哪些
趨勢的順勢指標協助自己抱單，避免短線因為雜訊提早下車而抓龜
走鱉？這些就是學習指標中的「意」，當學習的「意」通透了，自
然也就有了「形」。以上是我個人學習指標時，覺得會經歷的一個
過程，在介紹技術指標之前，先提出來讓大家參考參考。

技術分析與技術圖表

　　前面談了那麼多基本的心態建立跟選股的邏輯，看起來似乎有點流於空洞，那麼這個章節應該來講解一些真正牽涉到買賣的部分。我們在股市中的買進跟賣出，其實都是一瞬間的事，我們真正參與其中做決策的時間只有百分之一，剩餘的百分之九十九，通通是在「等待」。德國股神科斯托蘭尼說過：「股票，賺的都是痛苦錢」，的確，買賣股票在等待的過程是很艱辛、痛苦的，但是如果我們能正確的掌握一些原則，那麼無論是抱股等獲利，或是等待下單做決策，應該都會是很輕鬆的。下面我將介紹在基本分析之外，最容易上手跟容易理解的技術分析。

　　技術分析的世界裡既是稱為「技術」，那當然方法一定不下千百種，但是嚴格來說，基本上分為兩種，一種是圖表分析，另一種是數據分析。所謂的圖表分析，就是將所有市場上發生的價格，利用繪圖的方式將價格的移動表示出來，最有名的即為酒田K線，其次還有美國線、閃電線……等其他圖形表現的方式。圖表分析的好處在於將一段時間裡的價格利用圖形的方式繪製出來，你可以對你要的時間區段裡所經歷過的歷史價格一目了然，容易觀察，此為技術圖表分析。

　　另一種則是先前提過的，利用價格的變化去做數學計量所統計出來的數據，利用每每算出來的數據加以繪製成容易觀看的圖表，讓你可以根據跑出來的結果去分析過去、現在、與未來的走勢，這是大眾最常說的「技術分析」。利用價格做出來的技術分析工具最

多，常見到的有RSI、KD、MACD等等有名的指標，當然還有一些是根據成交量、法人進出或是融資券買賣等其他的指標，不管如何，這都是屬於數據處理的範疇，也是利用價格處理完的數據來做運算，再根據這些資料做買賣的決定。

在這裡我只打算挑幾個最簡單也最容易上手的工具，因為我認為用了一大堆技術的東西，還不如專精幾樣容易上手、並且能夠熟用的工具就好，「大道至簡」的意思就在於，要通往最容易去的地方，就必須挑最容易走的道路，很多人總喜歡耍耍小聰明挑捷徑走，或是搞得很複雜，最後搞得自己心力交瘁、失去生活品質，你沒聽說過少林寺最厲害的不是那些武僧跟十八銅人，而是掃地的小弟嗎？投資是為了要讓生活過得更好，提早獲得財務自由，而不是讓自己惹來家庭革命或更多麻煩的，所有投資人都應該將這一點謹記在心。以下我打算將圖表類的分析跟傳統的技術分析分開討論，最後再重新打散之後組合。

圖表分析：酒田K線

K線又稱陰陽線或蠟燭線，起源於17世紀的日本稻米期貨交易市場，由本間宗久所發明，而後在18世紀末發展成目前的K線理論。本間宗久在其所著的《黃金泉－三隻猴子的金錢記錄》(The Fountain of Gold－The Three Monkey Record of Money：簡稱金泉三猴錄)一書中，以非禮勿視、非禮勿聽及非禮勿言三個原則來描述分析者對於行情判斷的準則。

1. 非禮勿視：不可執著於表相，必須看出行情背後的意義，陰線及陽線會不斷的互換，特別注重行情反轉的判斷。

2. 非禮勿聽：勿以消息面作為交易的根據，影響價格走勢的不是消息事件本身，而是交易者對消息所做出的反應。

3. 非禮勿言：勿與他人討論行情及市場策略，可以傾聽別人的看法，但必須具有獨立思考及判斷的能力，否則，太多的討論將影響你的判斷。

　　在K線的的繪製方法中，如果當天的收盤價比開盤價高，則為「收紅」，稱為陽K線；如果當天的收盤價比開盤價低，則為「收黑」，並將K線實體塗黑，稱為陰K線。而上下影線的定義，以陽線來說，上影線即為收盤價(陰線為開盤價)至最高價之間的直線部份，意味著開盤到最高價之後的下跌所遭受的賣壓導致留上影線；下影線即為開盤價(陰線為收盤價)到最低價間的直線部份，意味著從開盤後的下跌到最低價之後拉升所進行承接的買盤導致留下影線。

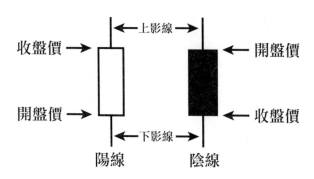

圖3-1：K線的表現方式

傳統的K線表現方式我列表如下：

單一Ｋ線的研判		
圖形	名稱	意義
	長紅線	股價上升， 力道最強勁的走法
	小陽線	多方主導
	上影陽線	上升力強， 但上檔遭受空頭賣壓
	下影陽線	股價低檔有買盤
	長黑線	空方氣盛，多方潰敗
	小陰線	空方主導
	上影陰線	行情看跌
	下影陰線	股價有觸底反彈跡象

單一Ｋ線的研判		
圖形	名稱	意義
	高檔：流星線 低檔：倒狀鐵鎚線	暗示上檔賣壓壓力大
	陽線紡錘	方向不定
	高檔：陽線吊人線 低檔：鐵鎚線	出現在高檔作空， 出現在底檔作多
	高檔：流星線 低檔：倒狀鐵鎚線	暗示上檔壓力大
	陰線紡錘	方向不定
	高檔：陰線吊人線 低檔：鐵鎚線	出現在高檔作空， 出現在底檔作多
┼	十字線	變盤線
—	一字線	飆漲或飆跌
⊥	墓碑線	行情看跌
⊤	T字線	高檔：賣出 低檔：買進

圖3-2：傳統K表現方式與涵義

　　以上是傳統的K線看法，當然還有其他更複雜的複合式K線，但是我從來不單看一根K線或複合式K線就作為我買賣股票的依據，為何？如果這些K線跟口訣真的都沒有問題，那麼光看K線的人不就賺爆了？這也是為什麼K線易學難精的原因，因為大家用的都是從以前就流傳下來的方式，問題是，一百年前、十年前的市場和現在的市場有一模一樣嗎？在本間宗久還沒發表他的K線理論之前或許有效，但是一旦大家都知道這公開的秘密時，他就不是秘密了，而當大家都在用時就容易失準，那麼既然他不準，為什麼還要拿出來用呢？

　　換個角度想想，K線能夠流傳這麼久還沒消失，一定有他的原因在，至少我們可以知道，K線在圖形的繪製上容易讓人清楚看到一天當中重要的四個價位，開盤價、收盤價、最高價、最低價，我們甚至也可以根據K線的上下影線，來預測市場買盤與賣壓的強弱。但是我們現在用，就不能流於過去的使用形式，在我個人使用上，我只將K線分為三大類：

1. 實體長柱：在行情的表現當中，以實體長柱的表現方式最為強烈，無論是陽線或陰線，出現實體長柱的情形時，通常是某一方的力道全力進攻宣洩，帶不帶小幅的上下影線沒關係。若是收實體長紅棒則表示當天多頭全力進攻，行情看漲或持續看漲；若是收實體長黑棒則表示當天空頭全力反撲，行情看跌或持續看跌。通常實體長柱的情形發生之後，我都會特別去注意目前股價相對應的位置，長紅棒若是在盤底或轉折處第一次出現並且帶大成交量，股價由低檔反轉向上的機率非常大；反

之,長黑棒若是在盤頭或股價以漲一段的高檔轉折處第一次出現並且帶大成交量,股價由高檔反轉向下的機率就非常大。這種線型所展現出來的力道是很強的,實體越多表示當天價差越大,一旦出現時,與其相反的方向要多停看聽並觀察後續力道發展。對我而言,實體長柱是K線當中最重要的觀察K線,用我自己的語言來說,其指的就是**行情的初始與趨勢方向的持續**。

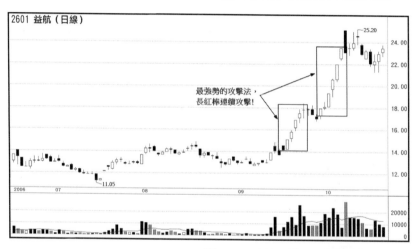

圖3-3:益航連續實體陽棒的攻擊盤

2. 帶長上下影線K線：在這裡，無論是陽線或陰線都無所謂，重
   點在於影線有多長，就代表高低點跟開盤收盤的價差有多大。
   在上漲當中遇到留長上影線的次數越多，影線越長，表示上檔
   不知名的賣壓越沈重，才會造成高低價差越大，這種情況之下
   隨時可能醞釀反轉，特別是帶有大成交量的時候，一般在盤頭
   或股價到頂時特別容易看到；在下跌當中遇到留長下影線的次
   數越多，影線越長，表示低檔不知名的買盤持續進場承接，才
   會造成高低價差越大，這種情況之下隨時可能醞釀反彈或反
   轉，特別是帶有大成交量的時候，一般在打底或股價急殺見底
   過程中特別容易看到。帶上下影線不代表行情馬上就會反轉，
   而是暗示你正在進行的趨勢力量已逐漸在削弱當中，要細心觀
   察之後幾天的行情，不要貿然進場。用我自己的語言來說，影
   線指的就是**減弱原趨勢方向的反作用力**。

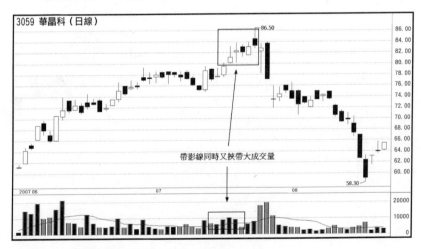

圖3－4：華晶科連續上影線的轉折訊號

3. 變盤K線：在傳統K線中，稱為「變盤線」的只有十字線，但是在我的觀念裡，所有在陽線跟陰線中的小陽線跟小陰線（或是稱為紡錘線）加十字線，我都歸為變盤線，為什麼？當行情處在狹小的價格裡頭多空來回激戰，形成小陽線、小陰線甚至是十字線，代表的都只是多方跟空方還在進行灘頭堡的搶奪戰，誰勝出尚是未知數。一般我們遇到變盤線的時候，最重要的不是變盤線本身，我一直稱變盤線為廢K線，因為一來不能代表行情，表示多空撲朔迷離，二來是多空在一天的拉鋸之後搞得沒什麼行情，變得不漲不跌的，這種情形最討人厭，一般都要等隔天或數天後才有辦法做確認。雖然變盤線本身不代表意義，可是一旦變盤線之後突然有一方的趨勢力量得到釋放增長，就要記得順著趨勢去做，因為盤整或食之無味的行情一被走出，通常都是千載難逢的趨勢方向，千萬要好好把握。順著被突破的價格方向繼續操作，是處理變盤線的最好做法，用我自己的語言來說，變盤線指的就是**轉折跟趨勢延續的訊號**。

圖3-5：加權指數變盤線的特徵與相對位置

　　以上是我個人對K線新的解釋跟注解，當然我相信有一些鑽研K線的先賢們一定很不以為然，我也相信在某些我不知道的領域、我沒學習過或是學習得不是很透澈的地方一定很多高手，我不想跟這些高手所使用的方法有所抵觸，畢竟沒看過或沒看到的東西不代表沒有，這是我面對新知的一貫做法，我只是提供另一種我學習之後的心得，用以討論我所見的一些現象，希望可以幫助你脫離對舊有概念的窠臼。很多技巧跟方法是死的，但人是活的，有時換個角度去想想原來的問題，或許會有一些新的概念也說不定，正所謂「戲法人人會變，各有巧妙不同」罷了。

技術分析

　　技術分析的領域是一個大家庭，各個指標都有其門派，也都擁有眾多忠實的門徒在幫忙傳道，包括書籍、演講、電視或教學，這

也是技術分析為何那麼容易入門的原因，因為資料容易取得，所以在面對茫茫股海、無所適從的時候，就容易像一盞明燈般給我們一個方向，加上其容易操作的條件，使得技術分析在研究股市的領域中，佔有重要的一席之地。

在這裡我打算介紹幾樣市場上最廣為大眾使用的技術指標，並針對一些指標使用上的技巧跟有可能會出現的盲點，至少讓一些初學者對指標有進一步的認識。不過由於坊間相關的書籍多少也會扯到一樣的用法，因此我除了盡可能將原始最基本的說明寫出之外，還會加入一點自己的使用心得，畢竟如果我只是重複介紹跟別人一樣的東西，那就有騙稿費的嫌疑，這個章節也不值得繼續看下去了。

移動平均線（MA，MOVING AVERAGE）

移動平均線最早是被使用在二次世界大戰砲兵研究落彈軌跡位置，後期則在金融市場上被用來計算持股人的成本。傳統的移動平均線是用統計處理的方式，將若干天的股票價格加以平均，然後連接成一條線，用以觀察股價趨勢。移動平均線的理論基礎是道・瓊斯的「平均成平」概念，其目的在取得某一段期間的平均成本，並以此平均成本的移動曲線配合每日收盤價的線路變化，分析某一期間多空的優劣形勢，研判股價的可能變化。

基本上，移動平均線稱為技術分析之母，一般大家最常使用的移動平均線稱為「簡單移動平均線」，也就是普通MA(Simple Moving Average)，純粹用每日的價格下去做計算，取一定天數平

均出來的連續數值，其公式計算如下：

1. 計算公式：

MA＝（n日收盤價加總）／n日

由於簡單移動平均線為n日收盤價的平均值，因此可視為投資人n日的平均買進成本價位線。

2. 參數設定：

移動平均線的參數可自行設定，所謂的參數就是你使用的週期長短，以日為操作單位的則參數為幾個天，以30分鐘的話則為幾個30分鐘，由於目前正常一週的交易天數為5天，因此大多數人的移動平均線皆習慣採5的倍數來設定，以日線來說，如參數為5則為5日，也就是一週週平均、設10日為雙週平均、設20日為月平均、設60日為季平均、設120日為半年平均、設240日為年平均。

上述是一般市場上最廣為人使用的移動平均線參數，其參數大多都固定住了，不過我覺得既然移動平均線也是技術指標之一，其實就跟個人的內衣褲一樣，坊間賣的款式雖然都相同，但是不代表你每天就要穿得跟別人一樣，參數這種東西是很個人化的，你可依不同的個股股性、個人不同的操作週期、不同的指數或金融商品，去調整跟採取不同的移動平均線參數設定。沒有人說你一定要跟別人使用的一樣，這端看個人在操作上的長短跟操作風格，炒短線的人就得用短一點的參數，免得長參數發出訊號時，短線已經可以來回做好幾趟；或者是做長線的人卻用到短的參數，該買進時被洗下車，該賣出了卻還在

買進，短線來來回回之間疲於奔命。總之，能掌握標的物趨勢脈動規則的參數，就是有效的參數值，運用之巧妙，依個人實際之體會，並無固定的規則。

至於我個人使用的技術指標則以移動平均線為最主要的操作工具，但並不是簡單移動平均線，而是「指數平滑移動平均線」，也就是大家常說的EMA(Exponential Moving Average)。EMA跟普通MA不同之處在於其平均線做計算時還會乘上一個加權因子，也就是平滑參數，因為有時股價在運行中的某幾天，波動會特別大，造成短天期的移動平均呈現失真的情形，因此我們如果加上一個加權因子，則可以使得波動不會那麼大，讓移動平均線的一致性更高，免除一些雜訊。其公式計算如下：

計算公式：

加權因子＝2／(參數＋1)

如果參數為10，則EMA10的加權因子為2／(10＋1)＝ 0.18而最新一天的收盤價乘以這個加權因子，再加上昨日收盤價乘以(1－加權因子)，即為今天最新的EMA。

在均線的用法上有兩種系統，一種叫單均線系統，一種叫多重均線系統。單均線系統的使用方法比較簡單，一般都是當價格穿越均線，並且在均線之上或之下正式站上後展開趨勢行情時進場交易。

而多重均線系統則是使用交叉的方式進行交易，一般多重均線系統最常用的是雙均線跟三均線，在雙均線的用法上是利用股價在均線之上或之下，短天期的均線穿越長天期的均線時進場

交易，基本用法：天數少的移動平均線突破天數多的移動平均線，即為買入信號；天數少的移動平均線跌破天數多的移動平均線，即為賣出信號。

三均線的使用方式跟雙均線一樣，唯一不同的是，第三條均線是所有均線當中參數最大、天期最久的均線，且此均線不參與交易，僅供觀察較長期的趨勢多空方向使用，一般我們也稱為「過濾線」。

圖3-6：單均線系統

圖3-7：雙均線系統

圖3-8：三均線系統

　　在均線的使用過程中，有幾個重要的運用法則及意義要跟大家
分享一下，均線的世界裡永遠只有三種情形，跟股價的運動一

樣,那就是:上漲、橫盤、下跌,而不同的情況則有不同的處理情形,我對MA買賣訊號詮釋如下:

(1) 均線從下降轉為水平,並且有改變方向往右上方移動的跡象,而股價從平均線的下方向上移動並越過站上平均線之上時,是買入信號。

(2) 均線從上升轉為水平,並且有改變方向往右下方移動的跡象,而股價從平均線的上方向下移動並越過跌落平均線之下時,是賣出信號。

很多人一定很疑惑,均線的使用方法只有這麼簡單嗎?一定有人會說均線的使用是很複雜的,可以搭配什麼葛蘭碧八大法則,或是其他的配合方法,怎麼可能這麼簡單就結束了?其實裡面是有訣竅的,且聽我娓娓道來。

使用過均線的人都知道均線有幾個很重要的特色:(1)趨勢不變性、(2)支撐或壓力的轉換性、(3)漲跌力道辨別。

(1) 趨勢不變性:由於均線的計算是採用連續性的多日計算,當參數越長、計算的天數越多時,某幾天的巨大波動並不會馬上影響均線的發展,因此一旦股價走出趨勢行情的時候,會有很穩定的趨勢性,趨勢一旦形成之後,短時間之內不會有太大的轉變。

(2) 支撐或壓力的轉換性:在均線的使用上,這是最重要的一部分,因為均線計算的是平均成本,一旦股價脫離均線過多時,會有再往均線靠攏的傾向,也就是說,在上漲走勢中股價漲幅過大、離均線過遠,就有拉回的壓力;而在

下跌走勢中股價跌幅過大、離均線過遠，就會有反彈的機會。

由於平均成本的關係，使得股價在拉回當中傾向在平均成本的價格做支撐，因此在上漲趨勢中股價若拉回，均線常有支撐的效果；而股價在反彈當中傾向在平均成本價格變壓力，因此在下跌趨勢中股價若反彈，均線常有壓力的效果。

並且股價在進行反轉之後均線會有轉換性，所謂的轉換性，就是當股價有效跌破，轉換趨勢時，原本一直是支撐的均線就變成壓力，或當股價有效突破站上，轉換趨勢之後，原本是壓力的均線就會變成支撐。

(3) 漲跌力道辨別：當股價漲跌得越急，造成參與計算的價差變大，會讓均線的上升或下跌的角度改變，當均線角度越大，表示買進或賣出的力道越大，而買賣力道平均或盤整行情時，角度則變小。因此，均線的角度可以幫助我們辨別目前是處於怎樣的市場，是強勢還是弱勢。

我們在使用均線上最重要的，是藉由均線去分辨現在所處的市場，當均線是上揚角度則為多頭市場，當均線呈下彎角度則為空頭市場，而長均線定趨勢，短均線做操作，在利用均線做技術分析的依據時一定要記得。長均線定多空趨勢，所以當長線的均線是在多頭時，短均線的多頭買進訊號才可以進場，而當短均線下彎回檔時，可以去測試長均線的支撐；當長線的均線是在空頭時，短均線的空頭買進訊號才可以進場，而當短均線上升反彈時，可以去測試長均線的壓力。

最重要的是，當你玩均線的時候一定要記得均線的轉換性，在
一段多頭、空頭走勢的末端，以及趨勢改變之後，均線會支撐
變壓力、壓力變支撐，千萬不要因為長期的單邊行情造成你對
行情的麻痺，而忘了趨勢在轉換的危險性，造成下跌走勢時一
直在找支撐買進，而上漲走勢時卻一直在找壓力放空，這都是
很重要的關鍵點。

移動平均收發（MACD，Moving Average Convergence & Divergence）

移動平均收發這個指標是以均線為基礎，利用股價離開均線的
乖離(股價與均線的偏離度)去做計算，再以計算出來的數值分析漲
跌的力道，並利用圖表的方式表示之。計算公式如下：

1. 計算公式：
   MACD原理在於利用快速與慢速兩條指數平滑移動平均線，算出
   兩者間的差離值(DIF)，再利用差離值與差離值平均值(DEM)的
   收斂與發散，界定買進與賣出的時機，屬於中、長期投資策略
   的技術指標。

   (1) DI＝(最高價＋最低價＋2×收盤價)／4。
   (2) EMA12＝(前一日EMA12×11＋今日DI×2)／13。
   (3) EMA26＝(前一日EMA26×25＋今日DI×2)／27。
   (4) DIFF(差離值)＝12日EMA－26日EMA。
   (5) DEA(差離值平均值)＝(前一日MACD×8＋今日DIF×2)／
       10。
   (6) MACD＝DIFF－DEA。

2. 參數設定：

參數：

L＝長期天數；S＝短期天數；M＝天數，一般為26、12、9，為系統預設值。

由於MACD原先預設的參數26本身就是很大的數值了，大部分使用MACD的人都很少去更動參數，而且因為MACD參數夠大，一般是觀察中長期趨勢很好的工具，我們可以根據MACD的實際情形，去分辨目前市場是處於哪一種行情當中。

MACD基本用法：當市場行情趨向明顯時，MACD的指標用起來效果越理想。

指標圖形：DIFF＝差離值。

DEA＝差離值平均值。

MACD柱狀圖＝DIFF與DEA之差，柱狀圖。

(1) DIFF、DEA均為正，DIFF向上突破DEA，買入信號。

(2) DIFF、DEA均為負，DIFF向下跌破DEA，賣出信號。

(3) 分析MACD柱狀，由正變負，賣出信號；由負變正，買入信號。

MACD是價格指標的重要工具，其利用快慢二條移動平均線(快線：DIFF、慢線：DEA)的變化及MACD柱狀圖作為盤勢的研判指標，具有確認中、長期波段走勢，並找尋短線買賣點的功能。MACD的原理在於以長天期DEA(慢的)移動平均線來作為大趨勢基準，而以短天期DIFF(快的)移動平均線作為趨勢變化的判定，所以當快的移動平均線與慢的移動平均線二者交會時，代

表趨勢已發生反轉。MACD是確立波段趨勢的重要指標。

我個人在使用MACD上，會特別注意兩個很特別的現象：(1)零軸起飛、(2)背離。

(1) 零軸起飛：我們都知道MACD的交叉通常就是做動作交易的時候，在多頭市場時，MACD指標黃金交叉向上為買進訊號，而在空頭市場當中，MACD指標死亡交叉向下時為賣出訊號。但是我自己最喜歡做黃金交叉跟死亡交叉的時間點是在MACD接近零軸、正負值轉換的區間，為什麼？不知道大家有沒有深思過一個問題，當MACD數值接近零時是代表什麼意思？我相信很多人都是指標拿起來就直接啃，交叉就買進賣出的，從未想過為什麼可以這樣做，這也是為什麼那麼多人學了指標卻總是易學難精的原因，因為大多數的人都只想知道怎麼趕快抓了指標就上、就趕快賺錢，可是一旦遇到指標失靈時卻不知如何處理，只好一個指標換過一個指標，而在利用各個指標輸錢當中一直輪迴。

MACD的基礎既然是均線的乖離，當股價跟均線糾結在一起的時候，自然就是MACD在零軸附近鬼混的時候，當然，股價跟均線糾纏在一起的時候就是告訴你一件事情，現在若不是在盤整，就是在洗盤或是修正股價跟均線的乖離，而且幅度很小。當我認真的思考並明白這件事之後，我就會專挑MACD在零軸混過很長一段時間之後的黃金交叉或是死亡交叉下手作單，因為這表示股價盤檔很久之後走出行情了，而且數值拉得越大表示行情越兇猛，這時要做的事自然就是好好抱單，直到MACD指標發出反轉訊號。

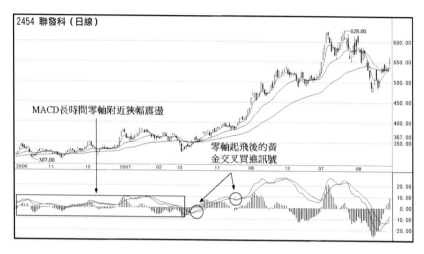

圖3-9：聯發科的MACD零軸起飛

(2) 背離：背離算是MACD最有特色的一個部分，當股價的力道
　　疲弱之後，股價在創新高或是在挑戰一次高點的時候會有
　　背離的情形，此時我們要注意股價轉弱的危機發生，並搭
　　配其他如均線等工具來找出場點，重點在於背離之後的拉
　　回股價是否為弱勢，否則可能有假背離的嫌疑，神達就是
　　有假背離跟真背離的標準案例。

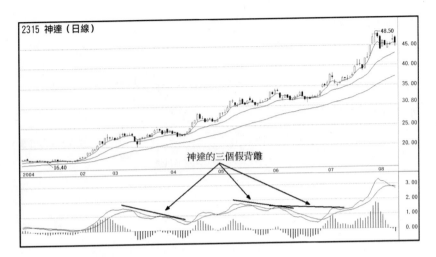

圖3-10:神達的MACD假背離

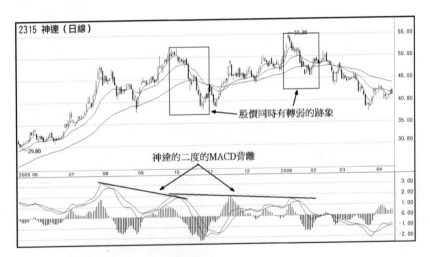

圖3-11:神達真正的MACD二度背離

➡ 隨機指標（KD）

隨機指標KD，這是市場上最多人用，同時也是最多人被巴被玩的指標，為什麼？還是那一句老話，你看到KD，你使用KD，而且就那兩句口訣在玩，「低檔交叉買進，高檔交叉賣出」，你自己看看你的交叉買進跟賣出，再看看你的交易對帳單，你就會知道KD玩死人的地方了。先介紹一下KD的公式：

1. 計算公式：

算法：對每一交易日求RSV(未成熟隨機值)。

RSV＝(收盤價－最近n日最低價)／(最近n日最高價－最近n日最低價)×100。

K值線＝RSV的M1日移動平均。

D值線＝K值的M2日移動平均。

2. 參數設定：

參數：N＝演算天數；M1＝K值演算天數；M2＝D值演算天數，一般為9、3、3，大部分看盤軟體系統預設值亦為9、3、3。

KD的基本用法：(1)當D＞50為多頭佔上風；當D＜50為空頭佔上風；當D＝50為多空勢均力敵。(2)D＞70，超買；D＜30，超賣。(3)K值線向上突破D值線時，為買進信號；K值線向下跌破D值線時，為賣出信號。(4)K值線與D值線的交叉發生在70以上、30以下，才為有效的進出區域。

其實KD是我著墨最少的指標，因為他的指標交叉真的是一門很深的學問，但是我這人有個習慣，很多人用卻很多人賠錢，偏偏又

有高手用這指標賺到錢的，我就會很有興趣。我想應該沒有人會像我這樣瘋狂，親手算過KD的指標數值，我猜有人會說：「現在電腦不是都會算好了，幹嘛還自己算？」，的確，拜現代科技所賜，很多指標藉著強大的電腦科技，都可以幫我們精確的算好我們要的東西，讓我們節省很多精力，但是相對的，也將我們學習的機會跟能力給剝奪了，親手算有個好處，你會知道股價大概要漲多少或跌多少、指標的數值大概會到多少，不蓋你，真的可以！我覺得如果光是靠電腦，不試著自己動手練習幾次，就跟你一直開自排車不練手排，一旦有一天讓你有機會開到手排的法拉利，你卻不會開一樣遺憾。

KD的背離很有名，跟MACD的背離一樣有名，但是我沒啥研究，因為我光研究MACD就很有心得，我覺得同樣的功能，用熟的那一個就可以了。其實KD背離的眉角跟MACD一樣，大家認真比較看看就知道了，在這裡我想分享的反而是關於KD指標盲點最多的黃金交叉跟死亡交叉。

KD的指標是由價格計算而來，因此要知道關鍵的價格跟「時間點」，有沒有注意到我特別強調「時間點」這件事？沒錯，這就是關鍵，KD的參數隨人喜好調整，但是我只用9、3、3這組參數，我的觀念很簡單，最多人囫圇吞棗的就是這組參數，主力要騙的一定也會是這一組參數，與其你參數改長改短、改來改去，不如專心研究何時會出現騙線跟假訊號。

有算過KD的才會知道KD的精髓跟好世界，KD計算基礎以9天為基礎，所以我算過，只要我當莊，我會採快拉3－4天，把指標拉起

來後再盤個幾天，進入關鍵KD計算的價格轉折之後，我可以根據算出來的價格，將當天收盤收到價格以下，KD就會下彎造成死亡交叉，把一堆人掃下車。有興趣的人可以自己動手算，不過也不是每一次一定都會這樣，我還是建議有興趣的人可以將有些KD轉折的結果記錄下來玩看看，正因如此，我自己在看KD指標的時候，某些交叉的地方我會先確認一下趨勢跟方向，像2474的可成就是標準會玩KD指標的莊股。

圖3-12：可成的KD指標騙線

所以玩KD的交叉一定要記得一個原則，急拉或急漲之後的盤跌或盤漲造成的KD黃金交叉跟死亡交叉，再加上是重要的低檔起算重要時間轉折，就要小心騙線的發生，最好可以用一些趨勢指標像均線這類的工具幫忙過濾雜訊，以免被騙洗下車。

技術指標的鈍化

玩過技術指標的人都知道，指標會出現鈍化，而指標鈍化就是用技術指標進行技術分析的人的天敵，因為指標的鈍化會使得原本穩定的買賣訊號在短時間內變得不穩定，換言之，原本應該要有規律的買賣訊號卻在短時間內大量出現，造成過多的買進跟賣出訊號，讓應用技術指標的人，在短時間內進行過多不必要的交易，造成連續性的虧損，而最會造成這樣的技術指標，就屬交叉式的技術指標為主。

大家都知道，現今最大宗的三個交叉式的技術指標分別為多條移動平均線、KD以及MACD，這三個指標發出買進跟賣出的訊號都是以交叉的發生來做下單的決策，在大一級的趨勢行情裡，這些指標無疑是表現最好的工具，黃金交叉就買進或回補，死亡交叉就賣出或放空，非常容易進行買賣決策。問題是，一旦指標進入鈍化的期間，就會出現過於龐大的交易訊號，造成指標失真，進而造成過度進出或是停損的發生，將原本辛苦賺取的獲利進行持續性的消耗。

然而進入指標的鈍化期時，當然可以使用消極的方式避開錯誤的交易，那就是「不交易」，不進場、不交易，當然就不會有虧損，等到指標又開始不鈍化了，再重新進場即可。可是我認為，鈍化最令人頭痛的不是錯誤的交易訊號，而是它會讓你進行錯誤的決定，什麼是錯誤的決定？當然就是「不交易」。

我說的交易當然不是指天天交易，而是有明確訊號我們才出手，這才叫交易，但是你卻為了避免鈍化，不參與交易，因而錯失

掉最主要的趨勢行情。一年到頭會出現的行情，可能只座落在那短短的幾天、幾週或幾月的交易裡，不交易意味著你可能會漏掉這段最主要的獲利，更麻煩的地方在於，某些明確的上升趨勢或下跌趨勢發生後，會在短暫的幾天交易之後突然出現干擾的「假鈍化」的洗單行情，讓你手中的部位被輕易洗下車，一旦被洗下車，你要再重新找進場點回到場內，就變得困難很多，這也是指標鈍化最讓其使用者頭痛的地方。

其實會有鈍化的指標大多屬於「震盪指標」，而且這些震盪指標多是有「極限範圍」的，像是威廉指標、RSI、KD就屬此類，為何？因為他們的共同特色就是指標的空間全被侷限在0－100之間，也就是說，指標再怎麼算都不會脫離某一個範圍，這樣就會讓價格一直卡在一個地方，造成鈍化。其實指標鈍化這種江湖一點訣，真的點破不值錢，想想，通常指標會產生鈍化的地方多在哪裡？

大部分鈍化有兩種情形，一種是急漲或急跌之後，還一直拼命漲或跌個不停的緩漲緩跌，另一種則是高低檔盤整的時候，通常在這時的鈍化最明顯，也最難讓人決定下不下單，其實要破解還蠻簡單的，只有一個關鍵，那就是將震盪指標換個角度顛倒過來看，變成順向指標看。

我們都知道KD、RSI、威廉指標這些同門師兄弟都是以50分多空，過了50的中間線後，一邊是多頭占優勢，一邊是空頭占優勢，而且過了30及70就算是進到超買或超賣的區域。我們的關鍵就是當過了中間線之後，表示某一方的勢力獲得增長，此時我們觀察趨勢行情是否形成，一旦形成一定會進到指標超買或超賣的區域，這告

訴我們什麼訊息？代表因為行情的趨勢走出來了，才會造成價格一直不斷的往上或往下，這是很強烈的進場訊號，同時指標也最容易進入鈍化，此時我們該怎麼操作？

我的建議是進場所使用的工具，其時段要比你用來分析的時段小，如果你是用日線分析行情的人，那你進場操作的時段最好是120分鐘或是60分鐘，這樣你才能利用你的指標去做進場的動作。怎麼做？很簡單，當你用來分析行情的時段已經越過多空分界的50時，就要開始準備用小一點的時間區段，去進場你的部位，當你操作區段的指標越過超買跟超賣的區間之後，請靜待你的指標回檔，再根據你指標的買賣訊號進場做動作，下面我以KD做示範：

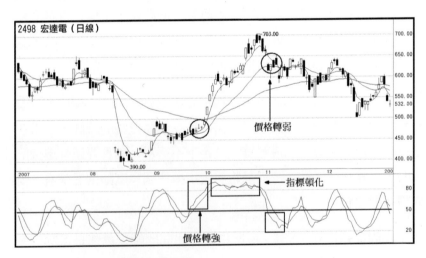

圖3-13：宏達電KD指標多空分界

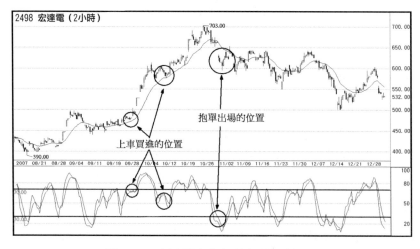

圖3-14：宏達電在指標鈍化後，較小時段的進出場點。

其實鈍化的重點是把行情想像成啟動跟延續，一旦越過多空的分界線後就一直做單，途中只是不斷的尋找你所使用指標的上車點，一直做到價格或指標轉弱為止，而不是每次看到鈍化就提早下車、被洗單或是逆勢去做反向的部位，這才是面對鈍化最關鍵的做法。

週期交易

⏩ 何謂週期，什麼是週期？

在自然界當中，許多的事物都有所謂的週期，之所以稱為週期（cycle）就表示某些東西有一定的時間會「重複的」出現，既然會有重複出現的現象，那當然就會有一個從開始到結束的完整時間，才稱得上是一個完整的週期。在宇宙裡面，最有規律的週期莫過於天體運行，遠至太陽系、銀河系，近到如太陽、月球，甚至每天、每月、每年也都有一定的時間表在運行著。就是因為宇宙萬物大多數的事物都有其規律性，渺小的人類才有可能從規律的運行當中，找出可供我們發展研究的空間。

自然界在還沒有人類之前，就已經規律的運轉無數的時間，而人類的出現也僅佔去那微小甚至看不見的一點點，因此在規律的自然界中，人類自然也是規律的執行者，早上起床活動開始一天的所有工作運轉，到了晚上就休息睡覺，週期，就是一件這麼迷人、有趣且神秘的東西，你無法解釋為什麼這些東西總是一而再再而三的重複出現，以人類的極限，充其量也只能將週期的發生跟成因找出來，至於從何而來、為什麼是這樣的週期，仍舊是一個謎。

我個人第一次接觸到「週期」可以放在金融商品的操作上，是因為聚財網上帳號「龜爺」的王陽生先生。王先生研究週期超過十年以上的時間，早期他個人的資料來源全來自國外的期刊，及因接觸外匯工作之緣故，而從外國研究當中得來，因為王先生想將他所學傳承下去，所以有過幾次教學的課程，傳授他的經驗與心得，我

也是在那時有幸第一次接觸到週期。在得到王先生的首肯之下，我文章中的很多東西跟觀念是出自王先生的筆記或上課教學內容，以及他發表過的文章，在引用到他個人的作品部分，我會用黑框表示起來，以表示原創者不是我，我在週期的文章中只是加進我的注解跟使用心得而已。我說過，我的專長不是發明什麼了不起的研究，而是站在巨人的肩膀上看世界，讓我可以看得更高更遠，在我提筆撰寫任何週期的內容之前，也感謝王先生的大力支持與愛護，僅以此系列文章表達我的感謝。

在探討週期之前，我有一些事情必須先拿出來說，在國外，週期的研究有專門的基金會和專業的研究機構，而且不限定於自然界中的事物，同時也包含所有的金融商品，其所涵蓋的所有資料甚至都有上百年的歷史紀錄可查，有興趣的人可以多上國外網站去參考。我個人常造訪的，是當初啟發全美期貨交易冠軍馬丁‧舒華茲(Martin Schwartz)的MAGIC T(神秘T理論)發明者Terry Laundry的網站「Terry Laundry's T Theory Observations」(http://www.ttheory.com/)，這邊有一些關於週期的資料，當然還有其他更多週期研究的機構，有興趣的可以自行找找看。

其次，在台灣，週期研究算是冷門的一個領域，所以如果這個章節你看不懂，那也沒關係，就當作是吸收一個新的資訊就可以了，我個人也會儘可能的將週期的東西白話一點解釋出來，但是畢竟我接觸的時間也才大約三年的時間，難免有些東西會傳達得不是很好或有所缺漏，還望各位海涵不吝指教。

一個散戶的**成長**

➡️ 為什麼要學週期？

為什麼要學週期？這個問題我也曾經問過自己，我已經學了那麼多基本分析跟技術分析的東西了，有必要再多學一個週期嗎？為什麼學？在週期的世界裡，又跟金融商品可以扯上什麼關係？我想很多人應該跟當初的我一樣，現在在腦袋中有一大堆的疑問。我的解釋很簡單，因為光學技術不夠，我們永遠只能在景氣循環跟趨勢發生之後，跟在後面跑，如果我們學了週期循環，或許就可以比別人早一步，提前在預定安排的時間點內做佈局。

金融市場可能有規律、有週期嗎？這是我問自己第二個重要的問題，金融市場是由人組成，人有七情六慾、會獨立思考、有自己的想法，是所有事物當中最難控制的，怎麼可能在金融市場當中出現規律性的週期，特別是面對常常暴漲跟暴跌的行情？這個問題在我半信半疑的使用週期一年中的某天晚上，我突然想通了，金融市場也有週期，而且一定會有週期，何以見得？

在我還小不懂事的時候我曾說過，金融業是我最不屑的行業，這個行業並不像製造業或服務業有工作上的產值，對整個社會有正面實質增加的幫助，整個金融業在做的事，跟倚天屠龍記裡的張無忌練的武功一樣，都是在練「乾坤大挪移」，就是將A處的錢搬到B處，B處的錢搬到C處，藉著資產移動跟借貸雙方的交易行為，從中抽取高到驚人的佣金跟手續費，這就是金融業，然而週期又跟這有什麼關係呢？

試想一下，金融業的獲利來源主要有兩大區塊，一是投資收益，二是手續、管理及利差交易收益，這兩大區塊無論你怎麼做，

一定要將錢搬動，才可能有獲利來源，想當然爾，整個金融業控制的是世界上所有金錢的流動，以商人在商言商的利益角度來講，一定會盡可能的移動最大的資金，而無論你是投資、交易或是任何管理跟借貸的利息收入，一旦大額的搬動金錢，自然是由某一個市場抽離，再進入到另一個市場，這市場可能是股票、債券、利率、期貨、外匯等等金融市場，反正全世界能交易的東西就那些流動性夠的大宗標的物，要市場大到足以容納來自全世界的資金，才有搬動的價值，不然資金卡住了，未謀其利反而先深受其害。

巧的是，金融業的資金跟我們個人的資金不一樣，我們可以把自己的資金擺在銀行，想擺幾年不動就擺幾年不動，但是金融業大額的資金就不行，因為他存在那裡的錢對我們來說是資產，對付利息的銀行來說是一筆龐大的負債，因此所有的銀行業就會有「不得不做」的窘境，既然有如此窘境跟規律的景氣循環影響，你說，需不需要固定移動這些資金進行市場轉移？這就是為什麼我說金融商品一樣會有固定的循環週期，因為有一方市場的資金抽離造成下跌，自然會有一方的市場因為這些抽離的資金注入，回升造成上漲，移動中的錢是不可能憑空消失的，除非被掏空，因此就會有完美的金融商品週期循環。無論你相不相信，這些事情確實在發生，你不知道或你不相信的原因，最主要來自於你懂得太少，資訊來源太窄。

⬛▶ 如何操作週期？

週期說穿了，其實跟等車有點像，今天你等車是為了等你所要的交通運輸工具，而等車的過程，就像是週期的安排。金融市場

中的週期安排，跟等車有異曲同工之妙，只是在金融市場當中，我們最主要是等待「買進」的時機點，也就是說，我們在等待每次買進跟賣出一個完整循環的操作。但是在週期的研究上，我們傾向找出每一個買點之間有規律的時間週期，也就是底部連底部的時間週期，換言之，是這次的買點到下次買點的時間，而不是放空跟賣股票的時間點。由於週期的標定乃是金融商品的出現最高點跟最低點之後，才能確定週期的出現，因此雖然不是專門設計來標定空頭部位，但也可以利用週期的分配尋找出來。

我不知道各位相不相信，台股跟著景氣循環，也已經出現過三次的超大循環，而每一次的循環長度大約都是十年。由於台股至今也不超過50年，因此取樣的空間有限，但是這超大循環仍然有跡可尋，我現在就跟大家分享，順便慢慢介紹週期的東西。各位從下表可以看出，台股加權指數在民國79年跟89年都上到萬點，創出歷史高價，分別創下12682跟10393的高點，因此我們可以知道台股每10年就會出現一個超大的週期循環，這是由最高點標定回來目標區的「時間落點」，所以我們就可以假設在民國99年的時候，可能會出現一個超大的循環高點，結束這10年的超長時間週期。有趣的是，在這超大的10年循環週期裡，又藏了次一級的循環，大家可以自超大循環往前推三年，就可以看到次一級的高點，分別是民國76年的4796跟民國86年的10256，那麼往後推10年，應該會在民國96年出現一個高點。結果，在我2007年(民國96年)年底交稿之際，台股創下了9859的高點，還向下洩了2000點以上的跌幅，這種種的「巧合」，實在是令人不得不對週期的神秘，跟對時間的安排燃起一分敬意。

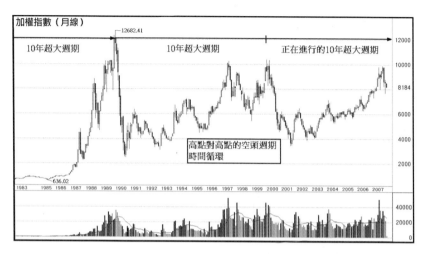

圖3-15：台股加權指數10年高點對高點超大循環

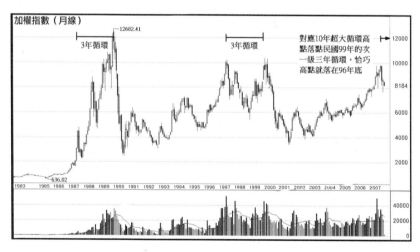

圖3-16：台股加權指數次一級三年長期循環

一個散戶的成長

週期的時間窗

在週期的安排過程當中，有一件事情是非常重要的，大家都等過公車，路旁的公車站牌也都會標出每部公車的發車時間與間隔，可是每個人一定都有這樣的經驗，公車在來的路程上總會有一些突發狀況，包括塞車、車子拋錨、人太多等等，使得公車不是早來就是晚來，剛剛好時間就到的，實在是少之又少。在金融商品的操作過程中也是相同的道理，既然操作所有金融商品的是人類，則行情在漲漲跌跌的過程中，就會有跟公車一樣的突發狀況，或許是政治因素，或許是戰爭因素，或許是天災人禍，這都會使得週期的時間落點有早到跟晚到的時間差，而這中間的「時間差」，我們就稱為週期的「時間窗」。

也就是說，週期的「時間窗」是原本週期應該要到的時間的誤差，因此只要我們的買點跟賣點都是落在這個時間窗之內，都可以算是週期合理的一部份，如同台化(1326)每三年的長週期中，底部與底部的買點就會出現時間差。至於這個時間窗的誤差範圍值，在國外的統計當中，大約是15%左右，也就是說一個10年的超大週期，可以容忍原訂買賣點正負1.5年的時間誤差範圍，一個三年的長週期，可以容忍買賣點約正負6個月的時間範圍誤差，這個範圍就是週期的時間窗。所以如果一段週期假設每幾年出現一次循環，結果有幾個年度變長或縮短，千萬不要說週期不準了，你必須把時間窗的要素加進去才是最正確的。

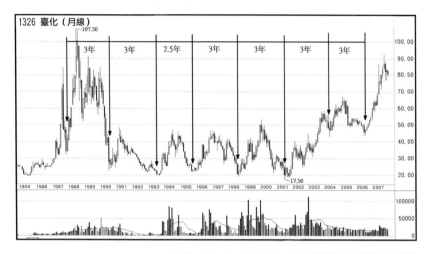

圖3-17：台化每三年的底部連底部買點週期

也就是說，我們的預先買賣點是放在這些時間窗裡面的，有了這些概念之後，在過了買進週期的時間窗之後，趨勢也發動之時，就是多頭的趨勢發展，我們應該做的是買好持股並抱著股票等待股價上漲，同時不過早離場或放空，直到進入空頭週期的時間窗，再準備找點下車或放空；相反的，在過了賣出週期的時間窗之後，趨勢也發動之時，就是空頭的趨勢發展，我們應該清空手中持股並抱著現金等待股價下跌，同時不過早進場買進部位，直到進入空頭週期的末段，並進入多頭的時間窗裡，才開始準備找點進場買股票。

這就是時間週期迷人的地方，熟悉他的人可以提前景氣跟趨勢佈局，早在一大堆人之前從容的進場，而不必慌張的等待還未發生的價格變化。時間週期的安排可以讓你提早進行優質的投資前置作業，並且讓你對未來的行情規劃有一定程度的藍圖，而不是慌慌張張的見漲追漲、見跌追跌，這也是我們學習週期最重要的一件事，

一個散戶的**成長**

古語有云：「人能預知三日，富可敵國！」我們學了週期不必做到預知，但若有機會做到守株待兔，只要幾次正確的決策，長期下來的獲利也是非常驚人的。

◢▶ 週期與其他時間技術工具的結合

- 時間窗(Time Windows)使分析師察覺到時間週期即將反轉
- 時間的考慮形成價格動作的一個過濾器(Filters)
- 反轉訊號結合時間窗(Time Windows)：K線反轉、三日反轉、趨勢線突破反轉
- 震盪指標結合時間窗(Time Windows)：%R、RSI、KD

在我們學習到時間窗對週期的重要性之後，最重要的是如何確認週期已經發生，一般我建議利用你個人喜歡使用的技術分析指標，將之放在週期的時間窗裡，以往我們面對行情都是指標訊號發出了就進行買賣，但是常會覺得指標有時準有時不準，但如果將週期的時間安排加上去，就能讓指標的買賣訊號只落在我們要動作的週期時間窗裡，就可以大量的規避在不對的時間點，指標所發出的錯誤訊號，讓我們好整以暇的等待真正底部的到來，其好處就是幫我們大量降低錯誤的買賣進出行為。

比方說若進入多頭的時間週期內，我就可以特別留心KD在低檔準備黃金交叉的部分，一旦進入時間窗的範圍，同時間KD也進行黃金交叉，那麼我們就視為此週期的底部確定，準備進場買進；反之，若在高檔的空頭週期內，KD在空頭的時間窗內準備進行死亡交叉，就是準備賣出多頭部位跟準備放空的時間點。一般而言，都是

要價格已經出現最高點或最低點的訊號發出，才算是一個完整週期的行情突破，利用其他指標也是如同上述方法操作之。

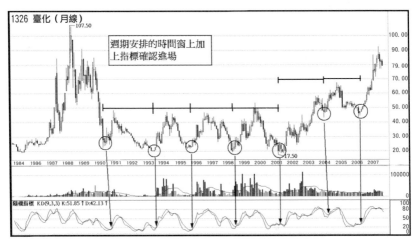

圖3-18：台化的底部週期的時間窗內結合指標確認進場

週期反轉確認法

JACOB BERSTEIN（Key Reversal，K線反轉）

在Jacob Berstein的研究當中，其主要是以K線的各種反轉訊號為確認趨勢反轉的工具，包括鍵形反轉、島形反轉、三日反轉，另加上指標輔助來確認週期反轉的發生。

J. HURST（Trading Channel ＋ Index）

以交易帶（Envelope）加上指標輔助來確認反轉。所謂的交易帶是指利用移動平均線為主線，根據其波動範圍的數據去將每一個價位乘上一個特定的數值，讓移動平均線的價格上下有一個波動價帶

的區間。一般而言,在盤整或是價格趨於均衡的狀態之下,價格都會在價帶中游移,當投機的行情啟動,造成多空力道的失衡之後,就會有突破價帶的情形,一旦價格突破波動價帶的上緣,視為多頭行情啟動,則進場買進做多,一旦價格跌破波動價帶的下緣,視為空頭行情啟動,則進場賣出放空,最有名的交易帶交易則屬包寧傑價帶(Bollinger Bands)或布林線。

🔲 WALTER BRESSERT(Alfa-Beta Trend)

　　將認定的週期分成兩個更小的週期(Alfa-Beta),利用兩個小週期的趨勢線突破來確認反轉,在層級比較大的週期當中,會蘊藏次一級或更小層次的週期,就好比艾略特的波浪理論當中大浪會蘊藏小浪,一浪包著一浪如此的運行。Walter Bressert用的就是這樣的理論,他認為大的循環中會包含兩個小循環,他就藉著這兩個小循環來觀察即將組合起來的大循環,利用上升趨勢中兩個小循環的趨勢線跌破來確認週期反轉,相反的,也可以利用下跌走勢中兩個小循環的趨勢線突破來確認週期反轉。

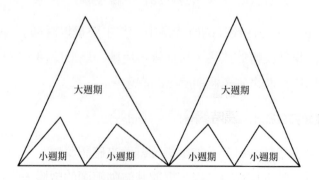

圖3-19:大週期裡面的兩個循環小波(Alfa-Beta Trend)

▶ 週期傾向的重要性

- 中期走勢上揚時,短期的波底可動作買進。

- 中期走勢下跌時,短期的波峰賣出。

- 短線進出時,先找出上一級較長期的走勢方向,然後順勢操作。

- 投資人先了解目前所處交易是何種狀態,屬中長期趨勢時,再藉著較短的週期趨勢決定進出場點。

　　這個部分要稍微說明一下,在操作週期的過程當中,一定會出現一種情形,那就是短期的趨勢跟長期的趨勢有打結的地方,也就是說也許今天你的短期趨勢是到了買進的時間窗,同時卻也是中期週期循環裡面的空頭回檔週期,這時就會形成打結的現象,造成在週期的判定上有困難。我的建議是,拉出較大一級的週期來觀察主要的趨勢走向,白話一點來說,當中期的循環是週期的買點出現,可是卻是短線較小週期的空頭週期時,此時最好放棄較小一級的週期操作,專注在主要的趨勢行情上,以免賺了小的卻賠了一趟大的,這也是鑽研週期研究蠻重要的一個環節。

▶ 週期的左右移轉

- 左右移轉原則和高低點的移位有關,不管向左或向右都有效。

- 理想的週期,上漲時間等於下跌時間。

- 週期高點,常隨著其較長週期的走勢而不同,較長週期上揚,週期高點會移到理想中點右方,較長週期下跌,高點會出現在理想中點左方。

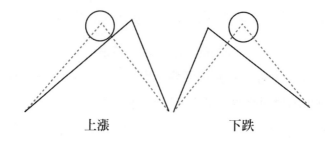

上漲　　　　　　　下跌

圖3-20

🔳 多頭市場，上漲時間比下跌時間長；空頭市場，下跌時間比上漲時間長。

🔳 波峰和波谷移到較高處（上揚行情），則週期的峰頂必定會發生在理想週期中點的右方。

🔳 波峰和波谷移到較低處（下跌行情），週期的峰頂比中點早一步發生（左靠）。

🔳 峰頂如果發生在中點，則多空壓力處於平衡狀態，意謂趨勢處於一個橫向整理的交易範圍內。

　　週期裡面最複雜的，就屬週期的左右移轉了。照理來說，週期運行的時間比例應該是1：1，也就是多跟空的時間比例要一樣，可是我們操作幾次週期之後，就會發現這情況非常少，更可以說幾乎是不太可能發生，為什麼？我想聰明一點的人一定很快就會知道原因，當初我們在研究週期的時候，認為時間會一模一樣的前提是假設市場隨時都處於「均衡」的狀態下，那麼週期出現的時間點及長度就會相同，可惜的是，我說過這個市場是由人組成的，人有七情六慾，有獨立思考的能力，當人類陷入非理性失控的情緒當中，對應在行情上的就是「暴漲暴跌」和「超買超賣」，就是因為暴漲、

暴跌、超買、超賣，才會使得週期出現左右移轉，形成我們前面說的「時間窗」。

先說週期左右移轉的「左傾」，所謂的週期左傾，就是行情落底跟見頂的週期比原先標定的時間要來得**早**，通常會造成左傾的原因來自於行情的暴漲跟暴跌。當市場進入暴漲跟暴跌的時候，表示此時的市場是陷入瘋狂的追價跟瘋狂的砍殺手頭的部位，可能是爆發戰爭或是發表重大消息、經濟數據所致，這時就會造成上漲空間很大的急漲跟下跌空間很大的急跌，這是行情在做大量宣洩的時候，就好比原定要開時速100公里從台北到高雄，但因為你將時速加到150公里以上，使得台北到高雄的時間變短了，這就是為什麼急漲跟急跌之後，會造成週期左移(左傾)，因為需要長時間才能達到的「空間」提早完成了。

再來說的是週期左右移轉的「右傾」，所謂的週期右傾，就是行情落底跟見頂的週期比原先標定的時間要來得**晚**，通常會造成右傾的原因來自於行情的超買跟超賣，這裡的超買跟超賣指的不是買太多或賣太多，而是指市場的行情一直以緩漲跟緩跌的情形邁向主要趨勢，卻沒有很明顯的多頭回檔跟空頭反彈，由於一直沒有強力的回檔跟反彈，形成該上車的未上車、該賣的不賣，而將整個行情運行的時間拉長。最容易解釋的方式就是，在多頭緩漲的過程當中，由於沒有明顯拉回，使得原先沒買到的人一直找不到切入點，行情卻仍舊不斷的往上漲，一開始這些人會看、會等，最後終於漲到這些沒買的人不得不買的地步，市場就這樣慢慢的堆疊上去，形成投資人把買進的時間拉太長造成超買；而在空頭市場，在空頭緩

跌的過程當中，由於沒有明顯反彈，使得原先沒賣到好價錢的人一直找不到可以逢高稍微解套的位置，行情卻仍舊不斷的緩跌，讓原本已經套牢的人更是捨不得賣出，最後終於跌到這些不賣的人承受不了巨大虧損的心理壓力，不得不賣或失望的隨便賣，市場就這樣慢慢往下滑落，形成投資人把賣出的時間拉太長造成超賣，而也就因為這樣的市場跟操作心理，才會有週期右移(右傾)的情形發生。

其實要觀察週期的左右移轉十分簡單，如遇急漲急跌，則容易出現週期左移，如遇牛皮的盤整行情或緩漲緩跌，則出現週期右移的機會就大增，這就是簡單的週期左右移轉的關鍵所在。

介紹到這裡，我大概已經把週期研究裡大部分最重要的關鍵給點出來了，只剩下一些真正的週期實際運用跟觀察，但由於其牽涉的層面廣，以及怕介紹的東西太深，因此我就不做一些實例演練的部分，只留一些解釋跟理論還有部分注解，有興趣研究的讀者，可以自己開始慢慢的收集手邊的資料，實際操演一番。我能做的是盡可能替大家解釋金融操作裡週期研究可能會遇到的情形，及一些不容易懂的名詞和觀念解釋，我開的只是一個方便法門，將入寶山的鑰匙交給各位，至於各位入寶山能夠挖到什麼，又有將多少東西變成自己的，我想這就得看個人願意下多少功夫在裡面了。

週期方面的研究畢竟是從國外開始，我建議不妨多閱讀一些國外的資料和文獻，這對自己在學習上會有蠻大的幫助，加上國外的資料齊全、研究面向大，我們得到的資訊也相對比較豐富。更重要的是，多懂一些國外的金融商品，也可以在無形中增加操作的視野跟國際觀，是個一舉多得的好辦法，誠心建議大家多吸收別人的新知，以補強自身的不足。

第四篇
實戰

飆股實戰一
飆股實戰二
漲停學
籌碼的心得分享

飆股實戰一

個股：8076伍豐科技

　　猶記得在2005年的時候，炒過一波博奕的機種，當時股市走多快三年，很多人都賺到不少錢，包括澳門、新加坡都有許多財團積極的想興建賭場，以滿足這些在股市中因為景氣復甦口袋裡有錢的人。我之前也看過不少相關報導，但是真正讓我對博奕機製造商有興趣的其實是來自朋友，我有朋友是開電動玩具場的，裡頭都是給大人玩的賭博性電玩，我當時注意到店裡面最熱銷的一個機種叫做「超悟空」，是做得很精美含LCD畫面的吃角子老虎機，我直覺這家公司做得很成功，因為連我這種不玩博奕機台的人也蠻想玩的，後來我問我朋友可不可以拆一塊板子借我看一下，我拿到板子的時候沒看到公司名，倒是在遊戲畫面中不經意的看到了「Astro Corp.」，回家一查是一家叫做泰偉的公司，2005年一月份我第一次看到泰偉的時候是60幾元，後來不到兩個月的時間就上漲到將近160元，漲幅接近三倍，當時我對博奕機的公司就有全面做過調查，也就是在那時候讓我間接找到伍豐這家公司，接下來整個2006年前半年，泰偉走空一陣子，我也認為短時間博奕商機並不是那麼看好，便將之列入觀察，到了2006年年中，似乎又有死灰復燃的情形，我便將伍豐的財務狀況再拿出來作分析。

　　接下來我將針對一檔飆股從一開始的基本面，一直做到技術面的完成，各位可以看看我使用的分析方法，再根據自己的實際狀況跟操作習性去做調整。

步驟一：檢視基本財務面

我們將時空拉回到2006年的第二季季報，通常第二季的季報都是在7月份的月中或是8月份才會看的到，因此我將一切條件拉回當初我觀察時的狀況。我的作法是先拉前一年的同期前兩季的季報出來比對觀察，先知道今年的成長動能是不是比去年強了，再進一步的將前年拿出來跟去年比較。

一個散戶的**成長**

伍豐科技95年度四季損益表季報

單位：新台幣千元

季別	第一季	第二季	第三季	第四季
營業收入	410,430	973,448		
營業成本	272,184	655,645		
營業毛利（毛損）	138,246	317,803		
營業費用	40,665	95,932		
營業利益（損失）	96,224	210,199		
營業外收入及利益	18,990	74,183		
營業外費用及損失	1,434	22,082		
繼續營業單位稅前純益（純損）	113,780	262,300		
所得稅（費用）利益	9,483	23,091		
繼續營業單位稅後純益（純損）	104,297	239,209		
停業單位損益	0	0		
非常損益	0	0		
會計原則變動之累積影響數	-239	-239		
本期淨利	104,058	238,970		
調整項目	-1,357	-11,672		

伍豐科技94年度四季損益表季報

單位：新台幣千元

季別	第一季	第二季	第三季	第四季
營業 收入淨額	221,158	516,363	832,027	1,224,055
營業成本	158,174	364,637	576,858	840,029
營業毛利	62,984	151,726	255,169	384,026
調整項目	-368	-1,260	-1,736	-1,513
營業費用	26,562	59,910	95,050	134,808
營業利益	36,054	90,556	158,383	247,705
營業外 收入及利益	3,497	8,775	23,050	18,826
營業外 費用及損失	2,620	5,917	8,805	16,723
稅前純益	36,931	93,414	172,628	249,808
所得稅費用 （利益）	3,831	10,600	23,913	28,029
停業 單位損益	0	0	0	0
非常損益	0	0	0	0
累積影響數	0	0	0	0
稅後純益	33,100	82,814	148,715	221,779

伍豐科技93年度四季季報

季別	第一季	第二季	第三季	第四季
營業收入淨額	221,061	461,981	685,857	955,499
營業成本	153,293	319,185	471,994	662,551
營業毛利	67,768	142,796	213,863	292,948
調整項目	0	-730	-1,088	-192
營業費用	21,676	47,724	75,354	103,324
營業利益	46,092	94,342	137,421	189,432
營業外收入及利益	5,270	6,650	7,221	8,577
營業外費用及損失	491	2,981	3,705	19,039
稅前純益	50,871	98,011	140,937	178,970
所得稅費用（利益）	6,766	15,289	21,295	21,233
停業單位損益	0	0	0	0
非常損益	0	0	0	0
累積影響數	0	0	0	0
稅後純益	44,105	82,722	119,642	157,737

　　我刻意先去掉95年度第三、四季的季報，還原當時我們真正進行投資時的資訊能見度，接下來就是要比較一下95年度年前兩季跟94年度年前兩季的成長。

伍豐科技94、95年度營業利益成長比較

94年營業利益	36,054	90,556	158,383	247,705
95年營業利益	96,224	210,199		
QoQ成長率	166%	132%		

　　OK，在95年第二季季報之後，已經看到連續兩季的盈餘加速飆升，我們知道這是一個大漲前的訊號，但是只看連續兩個季度其實有點薄弱，既然我們知道伍豐95年度連續成長兩季，這時再把94年度的季報跟93年度的季報拉出來，就可以知道伍豐已經連續成長幾個季度。

伍豐科技93、94年度營業利益成長比較

93年營業利益	46,092	94,342	137,421	189,432
94年營業利益	36,054	90,556	158,383	247,705
QoQ成長率	-22%	-5%	15%	30%

　　將93年度的業績拉出來之後我們發現，其實在94年整年度結束時，業績並沒有非常大幅度的成長，但是我們可以觀察到，從94年度的第三季季報開始，已經轉虧為盈，並且到95年度第一季時，出現非常大幅度的「業績盈餘加速點」，因此讓我們可以非常舒服

的買進其實是在95年度第二季季報公佈之後，因為已經連續四季成長，且最近兩個季度都出現超過百分之百的加速成長。在我的研究當中，連續三季成長進入高度成長之後的股票，基本上都可以再繼續進行三到四個季度的連續高度成長，接著才會是一個成長的極限。財報未必能讓你買到最低點，但是絕對可以讓你的波段買在一個「舒服的點」，可以抱股抱得很放心。

🔲 步驟二：從技術面切入關鍵的買賣點

剛剛在步驟一當中已經交代過一些基本面篩選的工作，接下來才是最重要的工程，也就是進到技術面去找最好的買賣點，或是我們該用什麼工具去進行持股抱牢、該抱股多久，我想，這才是真正操作股票的核心。下面我會用圖表跟一些辨別的方法，盡可能將當時的操盤狀況詳細說明，我選擇用一些簡單的方式操作，免得用太多工具去看一個宏觀的東西時，反而變成一種負擔。

剛剛我們在財報中看到第二季也是屬於高度成長的季度，但是這個時候我們遇到了一個困難，在台灣股市中，每年都會遇到開股東會討論配股配息的問題，而通常在配股或配息的當天，由於發放現金股利或是股票股利的關係，會造成股票的價格進行調整，這對使用技術分析的人會造成困擾，因為無論你是使用指標或是均線，都會造成短時間的指標失真，因為除權後的價格跟原本的價格是不連續的。我自己個人的使用建議是將價格還原權值回去，用還權後的價格「觀察型態跟相對位置」，用除權完的價格進行市場強弱判定，簡單來說，就是你使用的技術分析工具利用還權將價格連續起

來，但是你的腦袋卻要用新的價格去做觀察，還權是讓你方便以股價的相對位置去辨別現在新的價格是否偏離市場太多，再者，除權後有一個觀念千萬要記得，「不要因為除完權值，就下意識的覺得股價變便宜，股價便不便宜是要用未來的發展性和過往已發生的價格做比較的」。

我們知道在伍豐第二季的季報出來之後，就要開始做買進了，那什麼時候才是買進的時候？我個人是建議如果跟除權息的時間很近，那就除完權之後再做買進，一來是免除申報所得稅的麻煩，二來有實力的公司會有填權息的實力，等於有一次利差可賺。伍豐在2006年8月21日時進行除權，除權完之後混了好幾天，在2006/9/4時突破近期高點，286元創了新高，此時就是買進的時候。記得，買這種不斷高成長的股票，一定要創新高的時候買，會不斷的創新高表示需求被認可，或許你會覺得創新高買進這種股票有追高的風險，我只能說，今日的高點或許是明日低點，我們買股票不要每天都設想那些突發的狀況，只要把停損設好就好了。以伍豐當時創新高價286元來說，過了286元是新高價，我們或許買在287、288或者更高都好，但是要注意不要離開新高價超過4%以上的位置，否則很有可能追太高而一個小幅度的回檔就把你洗下車。假設你是買在290元的人，我們就設先前講過的7%停損法，那麼停損價就是在269元，一旦跌破，停損出場就是了，不用自己想太多有的沒的。我們來看看當時的情況：

圖4-1：伍豐除權後的原圖

　　在這裡我要補充說明一下，創新高買進有幾個先決條件，在我使用的工具裡我只使用均線，利用短、中、長的均線做排列，我使用的是10日、30日、60日的EMA（指數平滑移動平均線）來做趨勢的判別，創新高買進的條件一定是股價位於這些均線的上方，最差的條件是位於EMA10之下但是在EMA30跟EMA60平均線之上，這才算是強烈多頭的行情，若遇除權，則還原權值觀察之。

圖4-2：伍豐還原權值之後的原圖

由上面兩張圖比較之後，就可以知道為什麼伍豐的這一個新高價可以買進，因為還權之後的均線是呈現EMA10、EMA30、EMA60大多頭攻擊排列，是一個很強的多頭趨勢，加上創新高價就是一個更強的攻擊訊號，因此在2006/9/4創新高的當下，就應該將3－5成的基本單建立好等待加碼。

在建立好部位之後，接下來要做的是觀察上漲的幅度跟速度。一般而言，在你買進之後，兩週內可以上漲超過15%的幅度，就表示後續有上漲更多的實力存在，我們應該給予這類股票多一點耐心。一般若是買進後2－3週內漲幅可以達兩根停板以上，我會建議多抱兩個月以上的時間，因為一般弱勢的股票不太可能在這麼短的時間內有那麼多的漲幅，所以一旦你買進好的股票馬上就有好的表現時，千萬不要急著獲利了結。記住，沒滑到你的成本或成本之下時，就不需要自己嚇自己，了不起就是白忙一場而已，不要忘了前

面投資致富的章節說的，我們能做的是控制大賠、小賺跟小賠的因素，一旦你有了大賺的機會，千萬不要讓他溜了，也許你今年一整年的漲幅跟投資績效就靠一支股票也說不定，先給他點機會觀察一下再說。

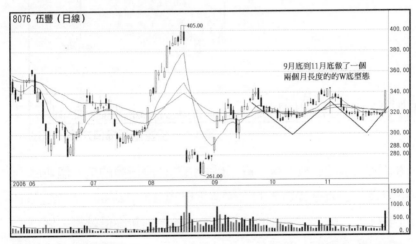

圖4-3：伍豐離開買進價之後，隨即在兩個月內打了一個W底的平台

　　在上圖中我們可以清楚的看到，自從我們買到一個「對的」買點之後，無論盤怎麼上上下下，都很難洗到我們的成本價，那麼這一個買點才是正確的。我很強調正確的買點，因為買點若是挑得好，基本上十次裡面被洗價的機會不會超過四次。在2006/9/4的買點出現之後，整個十月份跟十一月份都是在做一個W底的整理型態，在盤整的過程中，「均線是沒有用處的」，要觀察的是近期內較低的點位支撐情形，我們發現伍豐9/15和10/11這兩天有兩個低點，分別是295元與311.5元，因此如果是跌破這兩個價位，則必須先提前出場，觀察一下再進場，在沒跌破這兩個價位之前，依舊是

持股續抱的耐心等待，等待下一個型態突破後的快速上漲，然後再繼續做一個型態，就這樣周而復始的一直重複同樣的動作，直到股價完成他做頭的絢爛煙火，正所謂「複雜的事情簡單做，簡單的事情重複做」。

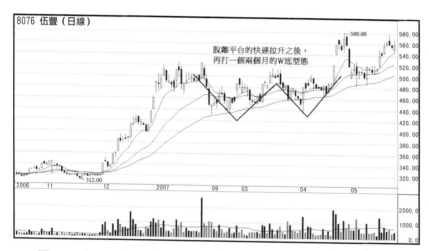

圖4-4：伍豐突破一個W底之後快速拉升，再做一個兩個月的W底型態

在伍豐12月初突破先前9月底到11月底的W底型態之後，在一個半月之內拉升了近70%的漲幅，隨即又開始進行另一段的回檔整理。我說過能夠創造越大漲幅的，越值得你花越久的時間去期待跟等待，2007年一月底拉回整理之後，一直在EMA60的季線上方做整理，這是漲幅過大的股票所必須經歷比較次一級的整理，只要EMA60季線不破，且股價整理期不破回檔幅度最大再彈升的那個低點(2007/2/1，最低價430元)，則仍舊持股續抱，直到持有的理由消失，果然，二月之後隨即又再做一個兩個月的W底整理型態。

我在這裡要強調一點，股價會在哪裡做什麼型態，那是控盤的人決定的，是市場決定的，我們不要去猜頭跟摸底，把握幾個關鍵原則去做就好，免得被人洗掉之後上不了車，那是很痛苦的一件事，如果你一年當中跑來跑去也做不到一倍的價差，那你不妨換個方式去進行另外的投資模式，看看宏達電、茂迪、中美晶、伍豐這些高成長股的成長模式跟股價飆升的模式，或許你幾年內就守著這幾檔股票，但是這些股票卻能幫助你創造更優值的投資報酬，我想這也是我從這些飆股身上學到最重要的事。當然，抱股也不純粹都是技術面的事，要漲到哪裡是基本面決定的，如果基本面沒有繼續成長，那麼也不可能有多棒的技術面可以飆，能夠讓你從500多元繼續再抱的伍豐，絕對不是技術面，這時候我們就再邊看財報，觀察是不是有繼續上漲的動力。

我們來看一下96年跟95年度的第一、二季季報比較：

伍豐科技95、96年度營業利益成長比較

95年營業利益（損失）	96,224	210,199
96年營業利益（損失）	212,928	376,414
QoQ成長率	120%	79%

從2007年第二季季報我們發現，QoQ已經撐不住每一季都超過100%以上的成長性了，這是一個非常嚴重的警訊，因為從94年度的第三季開始成長，至今已經連續經過7個季度的高度成長，在台灣，電子產品的週期高峰大約在兩年左右，伍豐從谷底翻升也近三年的時間，其實已經陷入高度成長的極限了，加上這是一家小股本而且產品單一性過高的公司，市場容納量不大，一旦成長高峰退

去，馬上就是進入成長衰退期了。其實用基本面來論比較事後諸葛，而且時效過慢，我們這時反而可以用技術面來幫助我們離場。

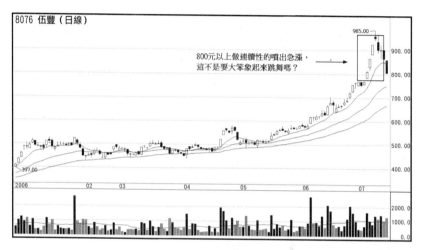

800元以上做連續性的噴出急漲，這不是要大笨象起來跳舞嗎？

8076 伍豐（日線）

圖4-5：伍豐第二季後的快速飆升

我們可以看到伍豐從2007/7/5起連續四天做快速噴出，拉了近四根的停板，你想，一檔800元上下的股票連四天拉近四根漲停板，這種連續噴出急漲的行情，一般稱為趕路行情，通常都是做頭離頭部不遠的地方，我一遇到這種情形，二話不說等到噴到哪天不漲時做小漲小跌，就是開溜的最好時機。這種方法不能讓你賣在最高點，但是絕對可以出在相對高檔區，後面的就留給高手去賺，11個月可以讓你從290元一路抱到950元以上，現股的漲幅超過300%，如果你是高手，懂得適度使用部分融資，那你的獲利更是驚人。我想一年一檔這樣的股票，在一個三年較長的多頭循環當中操作三檔，我認為這不是不可能，只要你起步夠早，不要想一夜致富，慢慢累積這樣的經驗跟資金實力，長時間下來，複利後的成果是很驚

人的。這也是為什麼我選擇利用基本面混合技術面的方式來做這件事，因為簡單好用，光是一個均線不破EMA60就讓你吃得飽飽，又何必花一大堆時間去研究哪時KD黃金交叉或死亡交叉？挑自己上手的東西練到熟就對了。相信看到目前為止，我並沒有用到太多太難的東西，很多人一定會認為很難或者覺得是天方夜譚，信者恆信、不信者恆不信，我傳的只是一個法，你要學的是你的道，怎麼複製、內化、吸收變成你自己的東西，那就是功夫了。我自認為簡單的東西最棒最好用，張三丰靠著太極拳就能撐起武當派一片天，不是簡單就不能獲勝，而是熟悉度的問題，我熟，不見得你就熟，時間會是你最好的朋友，空閒的時候花點時間研究一下，也算是對你的投資負責，這檔伍豐的投資實例我想到這邊就可以結束了。

最後我要補充一下，飆股在我的研究跟觀察裡有兩種，一種是高度成長的積極成長新公司，一種是老公司但是踏上轉機性或是產業轉換跑道有新成果，不管是哪一種，在財報中只要看到無論是營業利益或是EPS的成長，就一定要密切注意股本的變化跟實收資本額的增減，這兩者都關係到她的成長，不一樣的是未來獲利發展，我後面補上95年度跟96年度獲利跟資本額的關係讓大家觀察一下。

伍豐科技三個年度年度損益表

	93年度	94年度	95年度
營業收入	955,499	1,224,055	2,308,567
營業成本	662,551	840,029	1,546,439
營業毛利(毛損)	292,948	384,026	762,128
營業費用	103,324	134,808	201,481
營業利益(損失)	189,432	247,705	517,372
營業外收入及利益	8,577	18,826	246,653
營業外費用及損失	19,039	16,723	56,779
繼續營業單位稅前純益(純損)	178,970	249,808	707,246
所得稅費用(利益)	21,233	28,029	61,701
繼續營業單位稅後純益(純損)	0	221,779	645,545
停業單位損益	0	0	0
非常損益	0	0	0
會計原則變動之累積影響數	0	0	-239
本期淨利	157,737	221,779	645,306
調整項目	-192	-1,513	-43,275

伍豐科技96年2月股本形成

是否係申報首次公開發行之輸入： 否				
每 股 面 額	10.00	變 更 公 司 執 照 時 間	96年	2月
核定股本股數(股)	100,000,000	核定股本金額(元)	1,000,000,000	
實收股本股數(股)	54,708,683	實收股本金額(元)	547,086,830	
股 本 來 源 (元)	1. 創立時資本	5,000,000	2. 現金資增	
	3. 資本公積 轉增資		4. 盈餘轉增資	
	5. 證期局核准 資本公積之 日期		6. 證期局核准盈餘 轉增資之日期	
	7. 合併增資 (元)		8. 減資(元)	
	9. 證期局核准 合併增資之 日期		10. 證期局核准減 資之日期	
	11. 其他	公司債轉換股份3743760元 認股權憑證轉換股份750000元		

伍豐科技96年10月股本形成

是否係申報首次公開發行之輸入： 否				
每 股 面 額	10.00	變 更 公 司 執 照 時 間	96年	10月
核定股本股數(股)	150,000,000	核定股本金額(元)	1,500,000,000	
實收股本股數(股)	100,523,973	實收股本金額(元)	1,005,239,730	
股 本 來 源 (元)	1. 創立時資本	5,000,000	2. 現金資增	
	3. 資本公積 轉增資		4. 盈餘轉增資	
	5. 證期局核准 資本公積之 日期		6. 證期局核准盈餘 轉增資之日期	
	7. 合併增資 (元)		8. 減資(元)	
	9. 證期局核准 合併增資之 日期		10. 證期局核准減 資之日期	
	11. 其他	公司債轉換股份3115950元 認股權憑證轉換股份110000元		
以現金以外之財產 抵充股款者	無			

　　由96年度2月跟10月的股本形成來看，其股本由原本的5.4億元膨脹為10億元，將近一倍，96年度如果要維持跟95年度一樣的水準，就要賺進10億的營業利益，如果要成長，那麼要賺更多才能維持在股價900元以上的位置，但是96年前兩季也才近6億的營業利益，根本就跟不上股本的膨脹速度。這也是為什麼我說就算營業利益成長，但是EPS會衰退，因為問題的根本出在分母變大，股份經由配股配息跟公司債等等的原因變多，獲利被稀釋了，而公司本業的業績卻無法跟上。我一直強調EPS的成長，因為用營業利益是方便看本業的獲利情形，實際的EPS還是得靠手算才能有一個比較正確的數字，這是我觀察財報跟技術面的心得，很多東西是江湖一點訣，點破不值錢，拋個磚或許可以引個玉去吸引你做更全面的研究，那麼我的目的也就達到了。

飆股實戰二

個股：2315神達

「高價股狂飆看業績，低價股狂飆看轉機！」這是一位前輩送給我的一句話，的確，高價股之所以高價，業績跟基本面佔去大半飆升的關鍵，但是低價類股的狂飆是不可能單靠轉機的，以下我將前輩送我的話再做修改的地方，我說：「低價股狂飆的確看轉機，轉機轉的過，業績就會跟上來，轉機後股價能不能飆，得看業績展現的『爆發力』」。

水可以順舟，亦可逆舟，這意思是告訴我們有些方法可以順著做，也可以反著做。2005年實在是出最多飆股的時間點，只是很多人在股市裡看啊看的，好像汪洋中的一條船，看不到岸，我每一季都會固定買所有上市、上櫃公司財務季報的「四季報」，或是財訊出版的「上市、上櫃股市總覽」，我覺得現在很多人真的是很懶、很摳、也很笨，花一大堆錢去買什麼X寶週刊、理X週刊，一個月花個幾千元去買一些明牌，卻不願意花幾百元去買這些人家已經整理好的公司財報資料來看，殊不知金礦就在裡頭，入寶山卻從寶山空手而回。當然不是人人都願意學習，也不是人人都知道怎麼學習，但是嘴長在身上，很多東西是可以用問的，問到了寶貴的知識之後，寶山的開門鑰就有了，只可惜「可憐之人必有其可恨之處」，很多人輸錢不是沒有道理的。

廢話說了這麼多，該切回原話題，神達這家公司算是在2005年標準有轉機表現的股票，重點是他是低價股，我在前面介紹了那

麼多股票，似乎都圍繞在高價類股裡面，相信一定很多人在心裡喃喃自語：「都介紹那麼貴的股票，我們這些小散戶又買不了幾張，有說不是等於沒說嗎？」，所以這個部分我加進了低價股的實例演練。先說明，我的低價標準最少要在12元以上、30元以下的股票才算低價股，低於12元甚至是在股票面額的10元以下，我都稱為「垃圾股票」，一家公司如果不能將公司經營在最基本的10元面額以上，那麼我只能說這些公司的老闆都是三流老闆，既是三流老闆經營的公司，會有那種三流的股票價格也就不足為奇了，那會偏好買這些極為便宜的股票者，當然也是第三流的投資者，因此，挑選低價的股票跟公司還是應該要先有一些基本的條件。

低價股的股價有個特色，通常在景氣差時見最低價，而且也是這些轉機公司準備進行經營方針的改變，或是調整產品研發跟規劃的時候，為什麼？就是因為在進行公司跟產業的調整，這個階段是經營一家公司最燒錢、財務也最吃緊的時候，不然你認為這些最低價從哪裡來的？大股東自己賣出來的嗎？想當然爾，當公司具有轉機、進行調整時，有信心的大股東就會默默的吸收籌碼，讓籌碼進行沉澱。記住，景氣最低迷的時候，同時也是股票成交量最低迷的時候，有心人要吸籌最好的方法就是用一字訣「拖」，用時間慢慢耗，慢慢磨這些不肯殺出股票的人，直到他們最後喪失信心，賤賣手中的持股。低價股有個特色，有錢就可以買一缸子，但是有一個要點要注意，再怎麼默默吸籌也是有個限度，當上漲的趨勢一恢復，萬般吸籌的結果也是為了拉抬股價之後出脫，不可能讓你龜太久，因此，讓這些低階籌碼大戶現形的最佳辨別工具，就是成交量。

　　以拉抬來說，要製造拉抬的籌碼安定，一定要吸收在外浮額至少超過4成以上，才能在拉抬當中不至於受到太大的干擾。神達當初起漲前，董監持股跟三大法人持股約在資本額的兩成，加上94年度的資本額約110億左右，也就是在外流通的股數約是88億元資本額，大約是8.8億股，這檔股本稍嫌龐大的股票約要吃進3成持股，也就是將近2.6億股，以當時的股價約在10多元上下，集團式操作最少要花30－50億，買進約26萬張的股票。當時成交量的日均量約在5000－10000張，以能吃進當日成交近5成的厲害功夫來說，一天吃進的張數也不過在2500張到5000張左右，26萬張的量必須「連續吃進」約三個月才吃的飽，當然在股票市場中低價吸籌是不可能連續吸的，偶爾這些人還會做個價差，所以不耗個半年、一年以上，是不可能把股數收齊的。這些數字都是我粗估的，如果一家公司要拉抬兩倍以上，不吸個4成到5成都是很危險的拉抬手法，特別如果是國際公司，還會有看好的外資跟投信跟著搶補股票，更是會製造吸籌跟拉抬的難度。那麼我們應該怎麼去注意這些公司呢？

　　還記得我剛剛說的「水能載舟，亦能逆舟」嗎？我們前面介紹的高價股是先由財報觀察之後才去觀察股價，現在觀察低價股，則是要反過來逆著做，要先觀察股價跟成交量之後，才回頭去看財報跟業績的轉振點。怎麼做？很簡單，調股價的月K線出來看，通常在景氣低迷的時候，成交量也會跟著低迷，一旦有大買單進場，一定會在成交量留下無法抹滅的蹤跡，這是大戶在股票市場中唯一沒有辦法欺騙作假的一項數據，其他的線型、價格，只要有錢都可以慢慢畫。那為什麼要看月K線而不看週K線？這個問題我觀察很多股票，花了很久時間才終於得到答案，因為一個月有四週，假設這四

個禮拜分散來拆開買，就算量比較大也不容易看出端倪，但是用一根月K線就很容易將四週的成交量打包起來合起來看，哪一個月的量滾得特別大，就是線索啦，更重要的是，如果「**月K線的成交量滾到你用肉眼看都覺得大得非常離譜**」，千萬別懷疑，這就是傳說中的大魚，你要記得釣起來，要跟風的就是這種股票。

遇到這種千載難逢的好機會千萬不要輕易放過，要好好的端詳，並列入你自選股的特別觀察名單當中，等待最佳時候的上車時機。但這時候問題來了，既然你知道有大戶進場在進貨了，為什麼你不馬上就進場？要等什麼啊？這個問題無數人問過我，股市聞人張松允曾說過：「買股票不是買戰備存糧，不是要買起來放的，而是要獲利的，在股市中除非你是要放長線領配股配息，否則資金一旦卡死，就是一筆不好的投資。」今天你買股票就是為了賺價差，如果你沒有上千萬、上億的身價，基本上是不可能買股起來配股配息的，因為再怎麼配也配不多，也配不贏大股東，特別是近幾年已經偏向不發股票股利、只發現金股利居多，也使很多資本喪失因為配發股利而再度膨脹的機會。還有一點我要特別提醒的，成交量大，代表的是「股票的周轉率突然變大」，也就是股票在進行換手的人變多，至於誰換給誰？天曉得，我也只能知道有人在進行換手，而且「疑似」是大股東、大戶或是張三、李四、阿貓、阿狗，甚至是你家隔壁的，換不換手不重要，重要的是換完手股價漲不漲？不漲的話，換手後滾大成交量也有可能是出貨，您說是不是？所以當你發現有疑似的線索時就要特別注意。台灣股市有上千檔的股票，你不可能每支都買，更不可能每支都盯，但是你可以做的，是利用假日的空閒時間，線圖加減推敲、加減看，功課是你要做

的，我只是提供一塊入門磚，然後教你使用說明，後面能變出什麼戲法，是各位看官的工作。下面我就擺幾張會說話的線索圖，讓大家如法炮製一番，回家對對你的線圖。

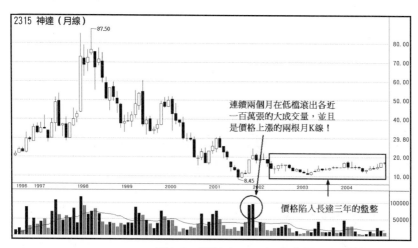

圖4-6：神達在2001年底底部區月K線爆出巨量

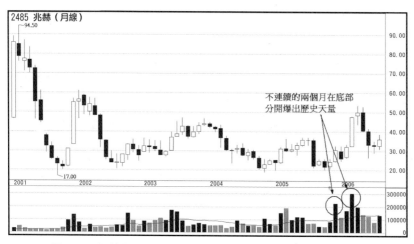

圖4-7：兆赫在2005年與2006年分開在底部區月K線爆出歷史天量

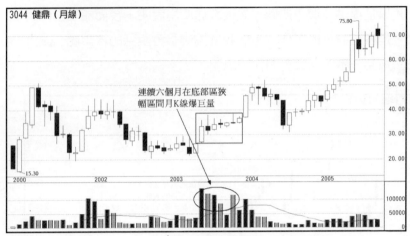

圖4-8：健鼎在2003年間連續六個月在底部區月K線爆巨量

📑 轉機股的轉捩點

　　剛剛我們談到低價類股要從他的技術線型月K線去觀察，此時更重要的是，要研究轉機股股價轉強的轉捩點。當然，轉機轉機，業績不轉好，何來的轉機？當時會讓我注意到神達這檔股票是因為GPS這個產業，我看到美國的GARMIN跟TOMTOM的汽車GPS市場相關報導，其公布前幾大的廠商中竟然出現MIO的品牌，這是神達電腦公司調整新的公司經營方針所進行的新產品開發。當你在國際性的報導中見到這樣的消息，應該要感到興奮，因為你千等萬等的好時機終於來臨了，當然，幫你鑑別最大獲利能見度的工具就要拿出來用，千萬別忘了上公開資訊站的網站去密切注意每一季公布出來的數據。

　　神達是在2004年總統大選完見7135高點後就開始進行大修正，一樣，老規矩，利空中見財報的清晰度，股市走空股價勢必受影響，但若是被低估，時間一到自然會還他一個公道。將93年度的四季損益表跟92年度的四季損益表拿出來比較一下便知，如果你想知道已經開始連續成長幾個季度的話，再拉一年出來吧。

一個散戶的**成長**

神達電腦93年度四季損益表季報

季別	第一季	第二季	第三季	第四季
營業 收入淨額	11,131,941	21,708,623	33,397,218	50,503,234
營業成本	10,287,238	19,959,333	30,644,753	46,396,751
營業毛利	844,703	1,749,290	2,752,465	4,106,483
調整項目	0	0	0	0
營業費用	614,655	1,320,384	1,998,248	2,961,409
營業利益	230,048	428,906	754,217	1,145,074
營業外 收入及利益	303,391	629,613	1,071,811	1,540,410
營業外 費用及損失	65,998	132,830	221,213	409,298
稅前純益	467,441	925,689	1,604,815	2,276,186
所得稅費用 （利益）	16,372	22,970	63,970	133,687
停業 單位損益	0	0	0	0
非常損益	0	0	0	0
累積影響數	0	0	0	0
稅後純益	451,069	902,719	1,540,845	2,142,499

神達電腦92年度四季損益表季報

單位：新台幣千元

季別	第一季	第二季	第三季	第四季
營業收入淨額	8,813,043	17,060,154	27,477,184	39,575,954
營業成本	8,190,104	15,777,901	25,385,569	36,596,609
營業毛利	622,939	1,282,253	2,091,615	2,979,345
調整項目	0	0	0	0
營業費用	514,925	1,067,391	1,682,890	2,424,045
營業利益	108,014	214,862	408,725	555,300
營業外收入及利益	159,721	298,412	606,824	1,006,878
營業外費用及損失	92,304	171,216	279,408	491,528
稅前純益	175,431	342,058	736,141	1,070,650
所得稅費用（利益）	0	0	8,000	19,177
停業單位損益	0	0	0	0
非常損益	0	0	0	0
累積影響數	0	0	0	0
稅後純益	175,431	342,058	728,141	1,051,473

一個散戶的**成長**

神達電腦91年度四季損益表季報

單位：新台幣千元

季別	第一季	第二季	第三季	第四季
營業收入淨額	4,687,663	10,837,929	16,430,820	25,177,562
營業成本	4,263,117	9,953,460	15,106,038	23,121,839
營業毛利	424,546	884,469	1,324,782	2,055,723
調整項目	0	0	0	0
營業費用	414,207	810,324	1,214,473	1,777,255
營業利益	10,339	74,145	110,309	278,468
營業外收入及利益	576,713	847,769	1,101,088	1,154,129
營業外費用及損失	145,585	274,489	401,513	555,013
稅前純益	441,467	647,425	809,884	877,584
所得稅費用（利益）	10,000	10,057	10,057	12,680
停業單位損益	0	0	0	0
非常損益	0	0	0	0
累積影響數	0	0	0	0
稅後純益	431,467	637,368	799,827	864,904

接著一樣是操作一次92與93年度四季的獲利情形比較：

神達電腦92、93年度營業利益成長

92年營業利益	108,014	214,862	408,725	555,300
93年營業利益	230,048	428,906	754,217	1,145,074
QoQ成長率	112%	99%	83%	106%

再比較一下之前92年與91年度四季的獲利情形，觀察一下連續獲利的季度：

神達電腦91、92年度營業利益成長

91年營業利益	10,339	74,1452	110,309	278,468
92年營業利益	108,014	214,862	408,725	555,300
QoQ成長率	994%	189%	270%	99%

相信看到這個表一定會讓你有個錯覺，92年度的營業利益成長暴增得那麼厲害，怎麼不是在2003大漲特漲呢？的確，2003年的營業利益有大幅度的成長，股價也有漲，但是整個大漲三倍是在2005年，也就是94年度，這是為什麼？答案出在這家公司就是因為「轉機」，才造成財報上有那麼大的浮動。我說過，我將財報的營業利益拿出來是方便大家簡單的去比較本業的獲利，我教的是一個比較方便且鬆散的方式，實際上你必須把賺的錢除以股本得出來的「每股純益」也就是EPS拿出來比較，才能有完整的面貌。神達整個92年度的營業利益大飛奔並不是業績真的嚇嚇叫，是有成長沒錯，但那是因為91年度的業績太爛，所以當業績回到應有的水準時，營業

利益成長率自然會突然飆高，就跟你原本跑百米一直都是維持在落後的水準，今天穿插幾個比你更爛的人讓你得第一，不代表你變強，而是因為對手太爛。

千萬要記得這一點，不要以為營業利益飆升了，就認定是業績開始爆發，你必須將很多條件完整的列出來比較才會正確，但是這兩個表可以讓你知道，至少92年度的第一季真的開始轉機成功了，接下來你要觀察的是維持多久？後面的業績是不是仍舊持續性的跟上來並大幅成長？連續成長幾個季度？這樣才算是一個完整的財務報表檢視，如果你真的想在投資這門課程上獲得一定的成功，這是最基礎的，再簡單下去，還不如直接翻週刊挑明牌比較快，那就不用花大把時間去做這麼深入的研究，。

檢視91、92、93三個年度的四季損益表後，我們知道在2003年的第一季之後業績開始進入轉機，回到原來該有的水準，接著是觀察兩個季度是否也維持高成長，確定三個連續季度的成長沒問題之後，就要開始進入尋找財報的「業績盈餘加速點」。我們可以由財報看見，業績在93年度的第一季開始進入超過100%成長的盈餘加速點，原本這應該是我們準備在技術面上切入的點，只可惜這時遇到了總統大選後的股市中空格局，前面的章節說過，趨勢是最重要的，股市一走空，任何再強勢的股票一樣免不了下跌的命運，因此暫時性的停損或是退出觀望是最好的方法，「等待」有時也是一種策略。

2004年大盤加權指數見底之後，股市又開始走回多頭市場，蟄伏了三個季度、業績成長的神達，終於壓不住爆發的態勢，在93年

度第三季季報公布之後，便開始向上攻擊，此時就是我們出手的點
了。

　　2004年11月4號，神達在經過公布季報與測試14元的底部之
後，展現上攻氣勢，試圖帶量突破，盤中有拉過新高價，這是我第
一個會建單的位置，買進價在15.3元以上，停損預先設好在14.2元
的7%停損位置。

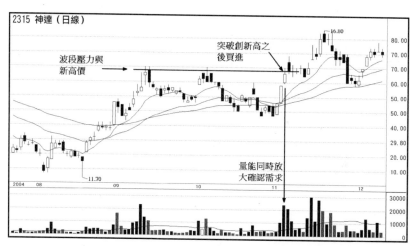

圖4-9：神達2004/11/4突破新高的買點

　　老實說，我並不知道創新高之後還會拉回，但是我建立一些
條件，在沒破壞條件之前，能做的就是「耐心等待」。2004/11/4
以後創新高拉回不破停損價，並點到EMA60的季線位置，隨即又展
開上攻。當一個飆股的真正波段第一個起漲，如果你能有15%以上
的獲利，你至少要抱上2－3週的時間，並且等待下一個整理後再突
破，我說過，飆股在盈餘加速點之後至少都能再走上2－4個季度的

爆發性波段行情,這漲幅基本上都是以倍數來算的,一定要好好把握住這賺錢的機會。

當部位產生獲利之後,獲利自然會自己照顧自己,趨勢一旦形成,很難會被扭轉,接下來你能做的就是管好手癢的毛病,或是把股票鎖進保險箱裡,好好的睡一覺都不要醒來,當然,這都是玩笑話,但記得要相信你看到的,千萬不要隨便聽信或臆測會怎麼樣,好的股票自然會告訴你該怎麼做。回頭再來看看買點出現的拉回在彈升創新高之後的股價表現,EMA10、EMA30、EMA60的大小均線漂亮的呈現多頭排列,EMA30日線幾乎展現完美的支撐,這是最漂亮的一幅畫,你根本無須擔心、猜測未來會怎樣,股價該走到哪,自然就走到哪,沒有複雜的公式,沒有複雜的指標,最簡單的基本功就是你的利器,一波從15元抱到40幾元的位置,那是做股票最爽的一件事, 九個月比你一整年衝來衝去的績效還棒,To see is to believe。

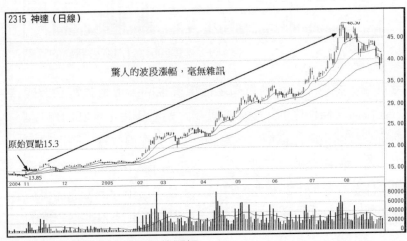

圖4-10:神達電腦完美的三倍漲幅

➡️ 頭部

　　老實說，所有我研究過的股票裡面，我覺得頭部最難發覺，因為「打底百日，做頭三日」，可見頭部的出貨有多快，我只能說，當我有一定的波段漲幅，我不會再去care上頭還有多少的空間，只要有特定的頭部準則，我就會準備出脫持股。其中有一種最重要的，叫做「噴出」，就是已經大漲很久了卻還在非常新高，或是高價做連續性的漲停急漲，我統計過，頭部的漲停噴出一般以三根半到四根漲停為大宗，而且噴出急漲完後，會馬上呈現小漲小跌並帶量數天，我還發現會伴隨一種非常特殊的現象，就是「跌停」，一般是莊家進入出貨區慣用的手法，模式為：急漲噴出→緩漲、緩跌→跌停，而且這種跌停是無來由的，就我所知是莊家不計成本的壓低出清持股才會這樣。下列我就用神達後續的圖表來說明，通常有這些現象出現時，我會選擇在跌停那天跟著用跌停價殺出持股，當然，也許後面幾天還會有高點或行情，不過我認為，離最高點也不遠矣，此時快快下車清算獲利擇日再戰，才是最明智的選擇。

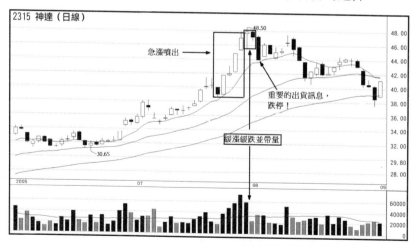

圖4-11：神達的頭部出貨訊息

一個散戶的**成長**

　　我想我在神達這篇實戰範例中，又用了一點跟實例一不同的判別方式，相信應該可以解答蠻多人的疑惑跟點出蠻多觀念的，當然事後一定會有人說：後面不是還有上到50幾元嗎？來去又差了快10元，也蠻多的耶！我可以跟你說，我不是神，最高跟最低我不會做，也不屑做，當你還在計較你有多少沒賺到時，我已經又做足功課，瞄準下一檔股票了。一段完整的過程要從哪裡做到哪理，你可以自己決定，我選擇的是我用起來最舒服、最輕鬆的方式，我不希望我花了大半青春歲月研究出來的方式，還落得要天天看盤的窘境，投資股市，應該可以再更優雅些。

漲停學

➡️ 為什麼要買漲停？

說到「漲停板」，這是只有暴漲暴跌的淺碟市場才會有的特殊現象，恰巧台灣就有，誠如聚財網鬼股子版主說過的，「越是敢漲停的股票，宣示主力作多心態濃厚」，試問，股海中千來支股票，除了自己認識的，除了報章雜誌寫的，除了別人報的，除了聽來的，剩下的股票，你認識多少？

台灣股市另一個更特別的現象就是，上漲的顏色是紅色，下跌的顏色是綠色，漲停是用全紅的框框將數字包住，跌停則是用綠色，無論你是在證券行的營業大廳用電視牆看，或是在家裡用看盤軟體看，那麼多的股票，哪些會先吸引你的目光？賓果，就是全紅框框的漲停跟全綠框框的跌停。有了這個要素，就算是名不見經傳的股票也有辦法吸引你的注意，只要操盤的主力想盡辦法拉上紅通通、令人血脈賁張的漲停，或是摜殺到一片慘綠的跌停，一看到亮燈，下一個動作我想都不用想，你就會開始有兩個動作：

1. 打開線圖，看看這檔個股目前的漲勢為何，順便看看歷史走勢、漲幅為何。
2. 有喜歡的，就列入你的自選股或筆記本裡，晚上開始好好用功。

你會怎麼做，主力、作手都知道，這漲停，也是他要吸引你關注必須先付的「手續費」，接著才有機會請你進來看他演戲。搞清楚主力拉漲停的目的後，接下來就要進入正題了。

一個散戶的**成長**

漲停，要怎麼買？

我們知道，一檔股票無論大小，背後能主導其股價走勢的，一定是資金相當雄厚的財團或主力群們，否則誠如像伍豐這樣上百元的股票，一拉抬動輒數十億的資金，如何輕易的攻上漲停？因此我們就可以輕易的知道，一旦主力有心作多攻漲停，無論盤中有多少賣單，都應該要能夠消化，否則，資金實力不足，怎麼配當主力？早晚會淪為跑龍套的。

之所以提出這點是因為現在很多軟體都有提供上下五檔揭示，很多人一看到拉抬過程中的上檔賣壓很輕，就認為股價一定會往上，反之，若是看到一連串上千上百的賣壓湧現，買進的時候就縮手縮腳的，甚至上萬張的賣單高掛時，一看到股價上不去或短套，就急著脫手才剛買進的股票。這樣的操作對嗎？其實這都不一定，當我們在盤中看盤時，若是看見盤中的上下五檔有大的買賣單，記得先別自己憑空臆測，因為我們不是主導股價的人，我們應該好好的觀察盤中買賣盤與成交的互動情形，尤其是主動性的大買單如何處理上檔賣壓，特別是漲停板的賣壓。

一般而言，當個股攻至漲停價下五檔時，我們可以看見上五檔的賣壓，而即將攻漲停之際，漲停板的賣盤一定是最大的，因為無論是當沖的、波段的、套牢的，總覺得如果能夠賣在漲停，就會特別有成就感，因為漲停是每日盤中的最高價，所以預期的心理賣壓都是可以被預先猜到的，特別是一些人氣股，動輒數萬、數十萬張的大成交量，有時賣盤甚至是買盤的數倍甚至幾十倍。那我們該怎麼觀察跟判斷？很簡單，如果盤中拉抬過程賣盤漸強，則拉抬買進

股票的買盤要更強，當上檔的賣盤遇到更強的買盤時就不用怕，但是要注意的是買盤的進行方式，是用連續性的大筆買單消化掉，還是用數筆大單直接漲停鎖住？如果是以上這兩種方式的漲停模式，那就請持股抱牢，因為能用這種大手筆的方式大把敲進股票的人絕不是普通投資人，若不是主力作手的集團，就是擁有大筆資金的投信、外資或法人們，所謂天塌下來有高個兒的人頂著，在股價沒明顯轉弱之前，千萬別自己嚇自己，人生買股最大的憾事莫過於買到強勢股結果被甩在起漲區。

此外，另一個要補充的是漲停後的委掛單量，仔細觀察買進委託量與成交的互動，量放大，但漲停的掛進量是否與剛才一樣多並沒有大幅減少，如果是就表示搭轎的人想下車。但主力作多心態濃厚，賣盤有多少，主力就加掛多少，以穩住其他搭轎人的心，一般漲停的位置都是散戶在賣主力在接的漲停才鎖的住，所以如果遇到漲停委掛單是慢慢減少，並且慢慢再加掛補上去維持一定比例的張數，則股價就不會有問題，反之，若是成交量不斷放大，而漲停的委買單以更快的速度減少時，就表示主力一方面賣股、一方面則一直抽掉自己漲停掛進的委買單。我可以告訴大家我看過哪些股票會大量抽單的假漲停，5346的力晶、5387的茂德、6166的彩晶、2323的中環，和已經撤牌的廣輝等等，實在是不勝枚舉，破解這個盤中的關鍵點給大家參考一下。

什麼樣的漲停能買？

要比大盤強，而且越是能早點攻上漲停的公司越是要排隊買。

原因在於**氣勢**，一家公司操盤的主力一旦早早就攻上漲停，即是宣示今日多頭的決心，也是向今日作空跟空手的人宣示主力強力做多的意願，要這些後知後覺的人知道危險要來了，今天你不補、不買、不上車，他日你勢必要用更高的價錢把你手頭上的股票補回來。

想一想，如果你是一檔個股的主力，當你清洗完浮額準備要拉抬了，當然是希望能有越多的散戶跟風搭車，正所謂打蛇隨棍上，這樣才能製造起人氣，未來在高檔才有夠大的成交量能夠逃頂出貨，人家說「低檔吸貨要偷偷摸摸，高檔出貨要大張旗鼓」，而當你要開始拉抬製造人氣時，一定要夠快、夠狠、夠氣派，越不拖泥帶水、小家子氣的，才有吸引散戶目光的本領，而這個最重要的時機點就在於一天的開盤，古人也說過「一日之計在於晨」，表示一天的開始是最重要的，在股市中也是。

才剛賣出股票或空手的人，每天收盤完後一定都會作功課，這時這些手中沒部位、握有現金的人，就是未來主力要吸引上鉤的對象。當這些游資份子在物色對象時，大家心裡想的都是同一件事，「明天什麼股票即將要發動了？」，或是「明天什麼股票要突破型態或開始爆發了？」，甚至是「哪些股票明天即將漲停起飆？」

這些東西就是這些散戶此時最關心的，當明天股市一開盤時，這些人就會開始在盤中緊盯著螢幕的報價，看看能不能有些什麼樣

的訊息，可以提前知道某些股票的好消息然後提前上車，所以一早開盤的作價是最重要的，特別是整理很久忽然拉一根帶量長紅的股票。

當一早大家的神經跟心情還沒那麼緊繃、還在觀望今天大勢如何時，此時如果以迅雷不及掩耳的速度將股票迅速拉上漲停，那麼無論是證券行的電腦螢幕或是電腦的強勢股名單中，就會迅速將這紅框框漲停的訊號傳達給正在觀察行情的所有人，這會使得大家將焦點都放在這支這麼強勢、這麼快就拉上漲停的股票，加上現在媒體的資訊氾濫，盤中有太多的股市新聞台，像是年X財經台、非X商業台、東X財經台，再加上一些第四台的投顧老師線上節目，都會在盤中做最即時演出，甚至有誇張一點的喊盤性節目，會在股票拉上漲停之後，馬上替這些股票找出上漲的理由或利多消息幫忙公司畫大餅，或是秀出他們的投資CALL訊說他們也有這檔股票，他們的投資會員已經賺多少又多少，諸如此類令人分不清楚是非的資訊充斥，容易使得散戶在一天開盤之後被強化其主觀意識，進而去追漲這些一早就比大盤強勢、拉上漲停的股票。

因此選漲停，要先從越早攻上漲停的股票開始，但不是每一檔一早攻漲停的都能買，還是得看看所要介入的股票目前處在什麼樣的位置，或是股票的本質跟外在環境的影響，簡單說就是風險跟利潤的控管要分析一下，而不是盲目的一直戴著鋼盔往前衝，有時衝過頭，是很容易被一槍打死的。

🔲 盤中走勢要注意幾點

當盤中拉抬要攻漲停時，要看沿路成交的單量數，以及被消化的五檔賣單掛單狀況。一般在上攻過程，買單要連續性的大單敲進，不能有停頓的情形，因為當大筆張數的買單敢源源不絕向上消化賣壓，就表示買方的力道強過賣方的力道，如此一來要繼續往上漲的機率當然高出非常多，但是當大量的買單向上攻堅一陣子後，會有自然的短線逢高拔檔的賣壓，造成盤中所謂的「自然回檔」，通常自然回檔會是用跟剛剛大量買盤比起來相對比較少的賣單回跌，在我的觀察中，回檔的單子數量越少、檔位越少，接著又急著續拉的股票尤佳，表示買方比賣方更積極想把賣壓消化掉，但是我想要提醒的是，自然回檔不能落於股票開始大單拉抬起攻的起漲點之下，因為當你用那麼大的數量一直向上買進，應該是表示多方強力作多的心態，而起漲拉抬完後的回檔會使得原本的攻擊點變防守點，如果真的是主力拉抬進攻所做的攻擊，照理說是要守住的，如果連自然回檔之後都守不住，甚至放出來的成交量也異常過大，那麼就要提高警覺與戒心，合理的懷疑與仔細的判定是否為盤中的拉高出貨或上檔壓力過大，不利多頭繼續上攻。

此外，大單要攻漲停前至漲停價前5檔，如果有大單掛置於漲停價位，要看下一波拉抬如何處理高掛的賣單，最佳的方式就是以滑價大量成交沿途賣壓。所謂的「滑價」，指的是股價在上漲或下跌中跳檔位進行成交，比方說原本是0.1元為一檔慢慢往上推進的股票，突然因為一筆大量的買單，使得成交價位一次跳了0.2元、0.3元甚至更多，而且是**連續幾筆**都這樣。這跟「穿價」不太一樣，穿價有可能是突然一筆大單跳檔位撮合，但不是連續性的，滑

價則是跳檔位加上連續性，差別在於有些股票可能是因為買賣盤稀少，掛價掛得不完全，造成買賣的上下五檔掛價中間有漏，因此很容易形成穿價的現象，但是滑價就不同了，滑價的連續性是由於買盤一直極力的想要買到股票，不惜用更高的價格追進，將所有賣壓的股票吃下，一般都是用市價或賣2或賣3的價格一直追，而大量買盤會讓想賣的人暫時縮手觀望以期望賣到更棒的價位，造成在拉抬的短時間內賣盤突然縮小，如此一來就更容易使得某幾個檔位的賣盤張數不夠買盤追進，形成跳檔位的情形，當這種「穿價」的現象連續發生時，就會形成我所說的「滑價」。

而即將攻上漲停之前，會以幾筆決定性大單將最後的賣壓一次消化，速度越快越凶猛的，未來上攻的走勢就會更強勢，最重要的是，盤中一旦攻漲停，委買的委掛單數要同時跟大單的張數放大，委掛越多，後市越可期，因為主力或大戶會想辦法把股票鎖住，製造出一股難求的假象，同時也宣示作多決心。

▣ 漲停開開關關的要怎麼辦

　　一旦收漲停是前波高點或關鍵性的突破價位，漲停會遇到壓力跟抵抗都是在所難免，只要盤中攻漲停再打開的，若不是以內盤方式(註：內盤賣壓是指主動性的賣壓，而不是指已經掛好等成交的賣盤，辨別的方式在於主動性賣壓會使得股價的回檔形成「快速下殺」且量大，這一點要牢記！)連續敲出數筆異常大單，然後小量之後再見大量將漲停關起來的，這樣的漲停開開關關就可以被接受，但是注意量能不宜放得過大，而且最好要收在漲停板的位置關起來，不然極可能是上檔壓力過大，會形成騙線。

一個散戶的**成長**

以上是漲停觀察的重點，我最後補充兩點我個人在盤中觀察的現象：

中的走勢會有開盤的點與急拉過程中起漲的點

一旦盤中開始帶量上攻之後，這些點位就會易位成為「多頭的馬其頓防線」，盤中大單拉抬完回檔，或是從鎖住漲停回檔破這些點位，就是停損殺出先觀望再說。

盤中漲停一旦鎖死，委掛的單量要與成交量成正比的放大

比例越高越好，越大的數字越能震撼人心，一檔個股如果鎖漲停了，你看到委掛100張、1000張、10000張、100000張，是會有不一樣的心理感受的，但是特別要注意盤中如果有大單敲出時，委掛的縮減張數是否有不正常，如果有也是先撤出觀望。我還記得一檔從10幾元一直摔的過往雲煙「3012廣輝」，這就是表演過抽巨量委掛單的夢幻演出，曾經有一次早盤攻漲停之後，漲停鎖死委掛買進13萬張，結果在午盤後大盤急殺60多點的過程中，13萬張的巨量委託買單瞬間抽單11多萬張，之後出現數筆幾千張的賣盤敲出，將剩餘2萬多張散戶委掛的漲停買單全消化掉後漲停打開，所有的漲停委掛瞬間在3分鐘消失，結果一路向平盤以下直奔，這是我看過最神乎其技的過程，真是令我一輩子難忘，所以搶漲停也要保持盤面的靈活性，以免淪為被出貨的對象！

籌碼的心得分享

何謂籌碼？

我花了幾個月的時間，收集很多資料並匯集其共通處後，終於得到了心得，籌碼，其實是市場上很通俗的說法，指的是流通在外的股數，坊間有許多關於籌碼分析的書跟資料，有分析融資融券的，有分析外資、法人進出的，有分析從自營商進出的主力張數，許許多多的花花草草，都在教人算所謂的「籌碼」。

我翻過此類的書不下十幾本，找過的資料可以堆滿一整個案頭，但我發現其實什麼絕招都一樣，重點在於要研究任何的學問之前，前置的基礎跟基本是很重要的，是後來學習與延伸很重要的根基，不能輕易忽視，若是基礎跟觀念夠紮實，很多東西從另一種角度去觀察就會變得容易許多，也比較能客觀看待。我最後甚至可以只憑每天報紙上的資訊跟每週財訊快報的週線圖，來做我每個禮拜、每個月甚至是到每季的投資策略。

先前有幸經過一些在市場很久的前輩與先賢的指教，接受了一些經驗上的傳承，誠如聚財網版主龜爺曾說過的：「主力大戶從不看線，因為千線萬線都是他們用資金畫出來的，最重要的是投資價值的浮現與否」，其實，盤中籌碼也好，日、週、月的成交籌碼也好，代表的都只是股票的供需而已，股票在易手的過程中，爆大量表示供需失衡，有絕對強勢的買、賣方市場，低量則表示供需趨於平衡，會順著原有的趨勢方向，買、賣雙方保持著一定的節奏。對於籌碼，我個人也歸納出幾項心得跟讀者們分享：

持股人的結構一點都不重要

為何？因為法人買、大戶買、散戶買，總會有人持有在外流通的股數，持股的成本與數量不同罷了，重點在於持股人的素質跟股價位階結構，舉例來說，如果一堆散戶以160元買進鴻準的籌碼之後，都很有水準也具共識的到300元價位以上才賣，那麼小量一樣照飆，因為買方市場絕對強勢，這就是持股人的素質與股價位階觀念。

所以分析籌碼最重要的，就是你要**預測**跟**分析**，依據以往業績與現在業績的水準，衡量未來股價的想像空間，像是EPS成長100%絕對比成長50%具有更多想像空間，套一句電視上某位投顧老師的名言：「業績是股價的萬靈丹」。接著再進一步的去分析擁有最大部分股數的特定人，其未來會出脫的位置，以及持股會做調整再做吸籌或派發的位置。這是籌碼分析的第一步，也是我從聚財網鬼股子版主的文章跟書籍中學到最重要的，主力作手在炒作股票當中「目標價」的觀念。（有心鑽研籌碼跟主力手法與心態的人，可以參閱鬼股子在聚財資訊出版的《主力控盤手法大曝光》與《八敗人生》系列叢書）

因此，股票的持有人素質與目標位置是精研籌碼的第一重要項目，因為持股的成本位置會決定這些現在穩定的籌碼將來會在哪裡不穩定，而持股人的素質就是指，這些有共識的持股人可能會在未來哪些位置做一致性的大量出脫持股。我認為這是要精研籌碼分析最基本的一項訓練，我建議多找一些曾經爆過大量或是整理期很久、後來皆大幅漲升的股票，用這些股票當範例，看看當初在底部

及漲升過程到最後的頭部結束時，整段多空循環過程中股票易手的狀況，注意資券的變化、投信買賣超、自營商買賣超、外資買賣超或持股的庫存變化，或是任何你認為跟籌碼有關連性的資訊，仔細觀察這些細膩的變化，這些歷史的範例都是很好的教材，不要輕忽歷史帶給你在股市中所學到的智慧。

🔳 要精析每個不同位階的籌碼分佈情形

這裡指的是「賣方市場與買方市場的消長」，白話一點，就是你要知道當有心拉抬的人在吸籌完要拉抬前，有兩個動作：

1. 知道某些關鍵點位的套牢賣壓水準
2. 盤中敲單時的回單速度與成交部位、成交價位

這些動作缺一不可，當以上的動作都被確認過之後，拉抬就會勢如破竹。這個部分大家可以參考一下4306炎洲，2006年過年以後的半年來，炎洲14.5－15元的價位都爆出大量，卻遲遲無法上攻，原因在於套牢的水準要比主力當初所想的拉抬水準要重，但是2006/10/20的位置量能已經開始急速的縮小，可見上檔套牢的籌碼已經經過10/14、10/16、10/18三天有效的吸籌，未來一旦長紅或是跳空突破16.0就會波段起漲。以上就是我提出的兩項對籌碼重要的心得跟經驗。

我所提的這兩大點心法看似很簡單，但是一旦要精析、精研，就是一件非常困難的事，為了要專注做好這項功課，我曾經光是分析套牢賣壓的的水準就花了近半年的時間，將過去與現在正在發生的例子一直做重複且枯燥的分析，才在某天突然明白「籌碼」的真義。

一個散戶的**成長**

　　其實這些枯燥繁雜的過程，就是在蹲基本功，在蹲這些基本功的時候，一點都感受不到這些看似簡單的過程有什麼特殊之處，但是當你真正投入這些細膩的分析後，一天接著一天去真實的感受這些數字變化所帶給你的細微不同，你會在未來的某一天突然見識到他的威力。

　　我蠻喜歡舉個例給我一些朋友聽，那就是台灣在日據時代的時候，日本人留給我們最大的資產不是什麼經濟上的發展，而是最傳統、最紮實的「黑手技藝」。日本人是世界上對工藝技術要求嚴格前幾名的國家，他們在工業技藝上的成就也是很多國家無可比擬的，不論是傳統的汽車產業或是重工業，都可以從中看見日本人謹慎的態度與對精湛技藝的要求，過去台灣也是在很多日本的老師傅嚴格的師徒制度下，完整的將某些黑手技藝給傳承下來並且發揚光大。現今社會，黑手技藝看似是個不值一提的產業，因為在功利社會主義下，很少人願意真正去當黑手，去做這些辛苦付出勞力的工作，但是弔詭的是，現在檯面上很多企業家都是黑手出身的，像是台灣首富鴻海集團的郭台銘董事長、大立光學的林耀英董事長，這些人都是做模具起家的黑手業先鋒，是第一代黑手企業家，但是跟其他黑手企業不同的是，這兩位董事長都為黑手企業與一些正在默默耕耘的黑手同業或競爭者做了最漂亮的詮釋。

　　蹲基本功就跟黑手的技藝一樣，日積月累的歲月流逝，就是在做經驗的累積，有些厲害的工匠可以用肉眼或觸感分辨一件成品或半成品的好壞，在股市的基本功也是一樣，大量的數據每天在你的腦中進行分析，時間一久，當某些不太對勁的數字突然出現時，那

種直覺跟敏感度，是很難對人說出的，這些不起眼的小動作很有可能就為你避開風險或是帶來可觀的利潤，越是基本的東西，其實反而更容易被遺忘。

再來是我上述第二點所提到的「盤中敲單時的回單速度與成交部位、成交價位」，不知道大家有沒有掛買過漲停板？當漲停要鎖起來的瞬間，你看到大單一輪猛敲你跟著去排隊，假設買進的100張某某股票在你下單後的5－10分鐘才成交，而且只成交個40張，那麼這樣的成交價位回單速度和張數，就可以知道漲停是鎖真的，而且買方市場十分積極。

總之，如果你買進的位置是一個接近關鍵套牢點位，盤中利用大單敲起時要辨認買賣盤的真偽跟水準，也要注意營業員回報給你的成交訊息。一般的情況下，回單速度越快、越接近掛買的價格、越接近完全成交，那麼就是盤中有一隻你看不見的手一直在供應套牢籌碼，最佳的情形是買進會滑價，要買個幾次才買齊。所以要自己學著稍微計算一下，要突破某些關鍵性的價位時，需要多少的水準才能順利過關，並且創造籌碼最安定的效果？多做幾次這樣的練習跟運算，就會對我上述那兩點有比較清楚的概念。

一個散戶的**成長**

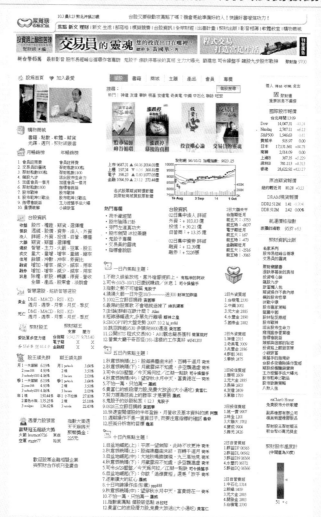

關於聚財網 wearn.com

2000 年 全球網路熱延燒至國內，各類網站百花齊放，以討論股市理財為主的網站也曾風光一時，但缺乏商業模式下，相繼而來的是網路產業泡沫危機，隨著全球經濟及股市表現不振下，多數企業陸續退出這塊被視為無法獲利的市場，而理財網站亦然，投資人想藉由網路彼此交換投資心得或理財知識也日益困難。

聚財網於 2001 年 9月成立，以股市財經論壇為網站主體，2003 年4 月正式成立「聚財資訊股份有限公司」，以獨特的商業模式營運並實現獲利，為華人理財網站開創了新的局勢。

聚財網的願景

聚財網中的理財論壇，目前已無疑是華文股市財經論壇中，質與量並重的第一品牌，在站穩論壇第一後，將會提供更多理財相關服務與商品，讓投資人在此網站能滿足所有需求，更重要的是能幫助網友在爾虞我詐的金融市場中實現獲利。

聚財網成立之初以打造小額投資人最佳入口網站為號召，進而強調要作華人世界最大最優質的理財論壇網站，如今更以成為華文最大理財全方位網站為目標繼續努力中，同時積極發展出版事業，將網路上精彩內容製作成為書籍，讓投資人永久保存。

聚財網的成長

從零開始，目前會員人數達四萬餘人(2005 年底註冊需付費或買書)，每日上網人次數萬人，論壇每日文章數增加數千篇，近百個網友專欄，並不斷快速穩定成長中！

聚財網的特色：

一：族群特性鮮明
網友絕大多數對理財股市有高度興趣
活動力強，熱衷討論發表意見

二：消費能力高
會員年齡層分佈較集中於三四十歲高所得菁英
有資金理財的朋友當然屬於較有消費能力的一群

三：參與會員者眾
會員人數，實實在在不斷增加，不像其他網站衝無意義會員數
您想在會員人數號稱三十萬，卻只有數百人會上網的網站上廣告
還是會員人數四萬多，卻有數萬人會固定上網的網站上廣告？

聚財網廣告說明：

版面 **A** 圖檔120*60 全網站十個輪播　　版面 **B** 圖檔468*60 全網站五個輪播　　版面 **C** 圖檔320*60 全網站八個輪播

版面 **D** 文字16字內 全網站三個輪撥　　版面 **E** 紅色文字16字內 全網站三個輪撥　　版面 **F** 文字16字內 全網站四個輪撥

G 版面
文字16字內首頁固定

廣告規格表

版面	型式	限制	頁面	方式	價格/週
版面A	圖 120x60	小於15K	全網站	十個輪	
版面B	圖 468x60	小於35K	全網站	五個輪	
版面C	圖 320x60	小於25K	全網站	八個輪	請與聚財網聯絡
版面D	文字	中文16字內	全網站	三個輪	
版面E	紅色文字	中文16字內	全網站	三個輪	
版面F	文字	中文16字內	全網站	四個輪	
版面G	文字	中文16字內	首頁	固定	
eDM 電子報	廣告主自製		發報(會員)	一次	
自助廣告	文字	六列54字	論壇文章	論壇右側	
自由簽名檔	文字	20字元	發表文章	文章下方	

如廣告主有特別喜歡的版面位置 還可專案個別處理

網站合作：

　　歡迎各類網站及廠商與我們嘗試任何可能合作。　Tel：02-22523899　Fax：02-22525025

投資人的好朋友
www.wearn.com

2008年起 聚財股王新台幣獎金無上限，有本事你來拿！

聚財股王獎項，全部是新台幣獎金
http://www.wearn.com/king/

聚財股王 台股模擬競賽

月 報 酬 率	季 報 酬 率	年 報 酬 率
·**第一至第五名：** 新台幣獎金1,000元	·**第一名：** 新台幣獎金5,000元	·**第一名：** 新台幣獎金20,000元
·**連續兩個月前五名者：** 第二個月 新台幣獎金2,000元 （加第一個月共得3,000元）	·**連續兩季第一名者：** 第二季 新台幣獎金10,000元 （加第一季共得15,000元）	·**連續兩年第一名者：** 第二年 新台幣獎金40,000元 （加第一年共得60,000元）
·**連續三個月前五名：** 第三個月 新台幣獎金3,000元 （加前兩個月共得6,000元）	·**連續三季第一名：** 則第三季 新台幣獎金15,000元 （加前兩季共得30,000元）	·**連續三年第一名：** 則第三年 新台幣獎金60,000元 （加前兩年共得120,000元）
·**依此類推：** 每月增加1,000元 跨年可連續不中斷 直到沒有拿到前五名才停 止累加。	·**依此類推：** 每季增加5,000元 跨年可連續不中斷 直到沒有拿到第一名才停 止累加。	·**依此類推：** 每年增加20,000元 跨年可連續不中斷 直到沒有拿到第一名才停 止累加。

得獎說明：

·會員連續三個月都是前五名，又是該季第一名，總獎金為：
1,000(月)+2,000(月)+3,000(月)+5,000(季)=11,000

·會員連續六個月都是前五名，又連兩季第一名，總獎金為：
1,000(月)+2,000(月)+3,000(月)+5,000(季)+4,000(月)+5,000(月)+6,000(月)+
10,000(季)=36,000

·如果會員有辦法一直連續月前五名、季第一名、年第一名，個人獎金將會無限向上累加！
在都沒有任何人連續拿獎金的狀況下，聚財每季發出 20,000元獎金，每年 100,000，若
有人連續得獎，發獎金的金額也是無任何上限！

談指神功
主力不傳之密技

聚財網叢書A029
隨書附贈聚財點數100點

作　者：nincys
定　價：300元
http://www.wearn.com/book/a029.asp

剖析股價脈動原理及股市贏家的思考邏輯，
詳列各項指標運用技巧與RSI、W%R、
MACD密技等實戰操作技巧，
內容環環相扣，
讓我們一起進入技術分析的樂園吧！

獵豹財務長投資魔法書
證券分析師的投資狂想曲
邁向財務自由之路

名家系列B003
隨書附贈聚財點數100點

作　者：郭恭克
定　價：560元
http://www.wearn.com/book/b003.asp

投資魔法書的神奇力量！

透過嚴謹邏輯學理方法，進行投資本質思考，找出長期投資
失利病因；透析股票價值評價程序與要點，建立克服非理性
追高殺低的信仰力量。正確的投資思考方法與隨之建立的信
仰力量，才是投資多勝少負的最根本基石。本書幫您找出在
投資市場勝出的關鍵密碼。

選擇權3招36式
改變自己才會贏

聚財網叢書A028
隨書附贈聚財點數100點

作　者：劉建忠(司令操盤手)
定　價：300元
http://www.wearn.com/book/a028.asp

《選擇權3招36式》改變自己才會贏 可稱為「實戰百科全書」
獨創選擇權「期望值、機率學」交易。
1．低權利金讓買方大賺。
2．高權利金讓賣方常贏。
3．從機率學得知大盤開高走低或開低走高。
4．股票與選擇權如何避險？

其他著作

飆股九步
滿手飆股致富哲學

聚財網叢書A022
隨書附贈聚財點數100點
定　價：280元
http://www.wearn.com/book/a022.asp

股市戰神
按圖操作輕鬆獲利

聚財網叢書A014
隨書附贈聚財點數100點
定　價：280元
http://www.wearn.com/book/a014.asp

小錢致富
選擇權倍速投資

聚財網叢書A008
隨書附贈聚財點數100點
定　價：350元
http://www.wearn.com/book/a008.asp

股市乾坤15戰法
證.期.權.實戰絕招

聚財網叢書A003
隨書附贈聚財點數100點
定　價：260元
http://www.wearn.com/book/a003.asp

聚財網叢書

編號	書　名	作　者	聚財網帳號	定價
A001	八敗人生	吳德洋	鬼股子	380
A002	股市致勝策略	聚財網編	八位版主	280
A003	股市乾坤15戰法	劉建忠	司令操盤手	260
A004	主力控盤手法大曝光	吳德洋	鬼股子	280
A005	期股投機賺錢寶典	肖杰	小期	320
A006	台股多空避險操作聖經	黃博政	黃博政	250
A007	操盤手的指南針	董鍾祥	降魔	270
A008	小錢致富	劉建忠	司令操盤手	350
A009	投資路上酸甜苦辣	聚財網編	八位版主	290
A010	頭部與底部的秘密	邱一平	邱一平	250
A011	指標會說話	王陽生	龜爺	320
A012	窺視證券營業檯	小小掌櫃	小小掌櫃	280
A013	活出股市生命力	賴宣名	羅威	380
A014	股市戰神	劉建忠	司令操盤手	280
A015	股林秘笈線經	董鍾祥	降魔	260
A016	龍騰中國	鬼股子	鬼股子	380
A017	股市贏家策略	聚財網編	七位作家	320
A018	決戰中環	鬼股子	鬼股子	380
A019	楓的股市哲學	謝秀豐	楓	450
A020	期貨操作不靠內線	曾永政	有點笨的阿政	260

聚財網叢書

編號	書　名	作　者	聚財網帳號	定價
A021	致富懶人包	黃書楷	楚狂人	26
A022	飆股九步	劉建忠	司令操盤手	28
A023	投資唯心論	黃定國	黃定國	26
A024	漲跌停幕後的真相	鬼股子	鬼股子	28
A025	專業操盤人的致富密碼	華仔	華仔	36
A026	小散戶的股市生存之道	吳銘哲	多空無極	30
A027	投資致富50訣	陳嘉進	沉靜	33
A028	選擇權3招36式	劉建忠	司令操盤手	30
A029	談指神功	nincys	nincys	30
A030	一個散戶的成長	蔡燿光	evacarry	30

名家系列

編號	書　名	作　者	聚財網帳號	定價
B001	交易員的靈魂	黃國華	黃國華	60
B002	股市易經峰谷循環	黃恆堉 蕭峰谷	峰谷大師	26
B003	獵豹財務長投資魔法書	郭恭克	郭恭克	56

聚財資訊出版　　相關資料請至聚財網查詢　http://www.wearn.com/book

聚財網叢書 A030

一個散戶的成長： 誰說小蝦米不能戰勝大鯨魚

作　　　者　　蔡燿光
總　編　輯　　莊鳳玉
編　　　輯　　周虹安・高怡卿・林慶文
設　　　計　　陳媚鈴

發　行　人　　陳志維
出　版　者　　聚財資訊股份有限公司
地　　　址　　22046　台北縣板橋市文化路二段327號4樓
電　　　話　　(02) 2252-3899
傳　　　真　　(02) 2252-5025

總　經　銷　　農學股份有限公司
地　　　址　　231　台北縣新店市寶橋路235巷6弄6號2樓
電　　　話　　(02) 2917-8022
傳　　　真　　(02) 2915-6275
訂書專線　　(02) 2917-8022

ISBN-13　　978-986-84128-3-5
版　　　次　　2008年05月　初版一刷
定　　　價　　300 元

國家圖書館出版品預行編目資料

一個散戶的成長 ：誰說小蝦米不能戰勝大鯨魚
/ 蔡燿光著. -- 初版. -- 臺北縣板橋市：
聚財資訊, 2008. 05
　　面 ； 公分. -- （聚財網叢書；A030）

ISBN 978-986-84128-3-5(平裝)

1. 證券投資　2. 投資技術

563. 53　　　　　　　　　　　　　　97005269

聚財點數 1 0 0 點

編號： H48729

開啓碼： iX7JJGN5x5gv

開啓聚財點數說明及使用方式
請至 http://www.wearn.com/open/

聚財網 wearn.com
客服專線 02-22523899
聚財資訊股份有限公司